王倩|忠诚与背叛

王倩｜忠诚与背叛

Fidelity and Betrayal: Me and Hu Angang

忠诚与背叛
我与胡鞍钢

作者：王倩

Qian Wang

版权声明
Copyright

忠诚与背叛: 我与胡鞍钢
Fidelity and Betrayal: Me and Hu Angang

Copyright © 2019 by Qian Wang 王倩

版权所有。未经作者和出版者许可，不得翻印抄袭或引用本书内容。

All rights reserved. This book or any portion thereof may not be reproduced or used in any manner whatsoever without the express written permission of the publisher except for the use of brief quotations in a book review or scholarly journal.

印刷版 Paperback ISBN   978-1-951659-03-5
电子书 E Book   ISBN 978-1-951659-02-8

读者可在下列网站上订购此书：
You may purchase this book at the following websites:
http://lulu.com/spotlight/QIANWANG
www.qianwang.org
www.amazon.com

2019 年 12 月第一次印刷
First Printing Dec., 2019

由美国 Lulu.com 出版
Published by Lulu.com in USA

封面设计：作者本人

致谢

感谢儿子对我的鼓励与督促。否则,我不知何时才会动笔。感谢父母赋予我生命,孕育了我的理想,培育了我面对困难的勇气、胆量与能力。

王倩 | 忠诚与背叛

目录

序言 　　　　　　　　　　　　　　　　　　　　1

第一章　四十二岁做母亲　　　　　　　　　　5

1.1 自己开车去医院分娩　　　　　　　　　　5
1.2 住院　　　　　　　　　　　　　　　　　12
1.3 剖腹产　　　　　　　　　　　　　　　　20
1.4 母乳喂养　　　　　　　　　　　　　　　24
1.5 公司送来的鲜花　　　　　　　　　　　　28
1.6 婆婆探望长孙　　　　　　　　　　　　　30
1.7 临床生了个女儿　　　　　　　　　　　　32

第二章　出院后的日子　　　　　　　　　　　35

2.1 出院日　　　　　　　　　　　　　　　　36
2.2 刀口崩裂　　　　　　　　　　　　　　　46
2.3 月子内发烧　　　　　　　　　　　　　　50
2.4 产后抑郁　　　　　　　　　　　　　　　53
2.5 肠胃炎　　　　　　　　　　　　　　　　58
2.6 小琪表姐的故事　　　　　　　　　　　　62
2.7 "小姐好漂亮，你妈像个老母猪"　　　　64
2.8 婆婆的再一次辱骂　　　　　　　　　　　67
2.9 "你走了，把孩子也带走了，我真高兴！"　76

第三章　我曾经的公公婆婆　　　　　　　　　79

3.1 "我家里不留你这个金凤凰！"　　　　　　81
3.2 "你不把客人剩的菜吃了，我就不吃你做的饭！"　94
3.3 "你不交饭钱还想吃西瓜？！"　　　　　　98
3.4 三儿子的婚礼和一壶开水　　　　　　　　104
3.5 "考什么考？考什么研究生？！"　　　　　109

3.6 大年夜的鸡汤和一小碗炒肉丝 115
3.7 "这种女人,早就该离掉!" 118
3.8 儿媳们的选择 124

第四章 背叛 - 离婚的手段　　127

4.1 小三闯到家里 129
4.2 不道德的生活作风 134
4.3 小三打越洋对方付费电话,电话账单 136
4.4 离婚信 141
4.5 儿子的肺炎 146
4.6 麻省理工 - 现实中的陈世美 152
4.7 信用卡 157
4.8 离婚法庭,我的衣物,照片 160

第五章 河北矿冶学院　　162

5.1 学生会 164
5.2 "我不上学了,我去写小说!" 168
5.3 双膝瘫痪,理想与奋斗 175

第六章 过后的思考　　182

6.1 走出离婚的阴影 183
6.2 鞍钢真的想看儿子吗? 186
6.3 胡鞍钢事件 - 学者,御用文人,专制政府的喉舌 193
6.4 经不住时间检验的文章与著作 202
6.5 为什么胡鞍钢如此敌视美国 210
6.6 为什么胡鞍钢要验证毛泽东的"赶英超美" 216

后记　　220

序言

2016年5月8日，这一天是星期日，也是母亲节。但是，今天不是一个普通的母亲节。今天是个特殊的日子。

儿子今天大学毕业。

我坐在学校的露天体育场里，等待儿子毕业典礼的开始。体育场上空开阔的视野里，天色湛蓝。金色的阳光下，几千名即将毕业的年轻人，神采扬溢。那一张张喜悦，对明天充满向往的脸，那年轻人的激情与向上的精神，感染并激励着我。

毕业典礼开始了。校长首先讲话，过后有社会名人讲演和学生的文艺演出，最后一项是毕业生代表讲话。

毕业学生代表是一名是华裔，也是家中祖祖辈辈的第一位大学生。她声情并茂的讲演把毕业典礼推到了高潮。她先用英文向在场的所有母亲们祝贺母亲节快乐，接着说："没有我们的母亲，我们谁都不会站在这儿。今天，我的妈妈也在这儿，"然后，她用中文一字一顿的说："妈妈，母亲节快乐。"

此刻的我，眼泪像决了堤似的涌了出来。

透过泪水，我似乎看到，二十多年前，站在医院化验室门前的我，手里拿着显示我怀孕的化验单。那一瞬间，冷汗沿着我的脖子、脊背往下流。面对人生未曾畏惧过的我，此时却紧张地问自己："你能承担得起做母亲的责任吗？" "你能把孩子培养成对人民有用的人吗？"

我又似乎看到，那个星期五的下午，挤满了车的北京三环和二环路，似乎看到了为腹中胎儿生命担心与焦虑的，双手紧把着方向盘的我。

那天，临盆的我高血压，尿糖四个加号。自己开车从北京西北角的中科院生态中心，用了将近三个小时到达了市中心的协和医院。

更没有想到的是，六个月后，我开始了单身母亲的生活。

像天下所有的母亲会熬干了自己，把生命与希望留给下一代，二十多年来，我在孩子、工作、家务和公益之间奔波着，有时真的是精疲力尽。上帝对我是宽厚的，他让我有机会同时承担了父亲及母亲的双倍责任，让我付出了双倍的艰辛。所以今天，他让我享受了双倍的感动与成就感。

看着长大的孩子和他那阳光般的笑脸，我心中感到宁静与充实。我想，这就是一个母亲应该做的。我自己的任何事情都不重要，为孩子创造一个稳定，幸福的童年，把孩子培养成对人民和社会有用的人，才是我义不容辞的责任，再多的付出也是值得的。

此时，我也想到孩子的父亲 - 胡鞍钢。鞍钢如果是一个忠实，有爱心，肯承担家庭责任的丈夫和父亲。我们至今还会是一家人。今天他也会是毕业典礼上一名为儿子而骄傲的父亲。

在我怀孕和生育期间鞍钢对我在精神上的折磨与虐待，以及对我的背叛，对我造成的伤害是终生的。今天，我终于逼着自己把这段人生中最痛苦的往事写出来，目的就是想永远关上这扇通往过去的大门。

我必须彻底关上这扇门，才能走向自己的新生活。

回头望去，我与鞍钢相遇，相知又分离的过程，与二十世纪的共产主义运动紧密相关。我们生活中的每一步，都和中国的专制制度的所做所为相连，是时代的烙印。我们的婚姻悲剧，是当今中国专制极权资本主义和社会道德沦丧的直接反映。

如果没有文化大革命中的十年停课和上山下乡，我们不会只念了六年书就被赶出学校而失学。如果没有文革，我们在 22 岁就应该大学毕业，不会在 25 岁的年龄通过自学才考取大学。我与鞍钢也不可能在矿院相遇。

如果不是文革，我们早就完成了博士学位。而不是在30岁报考博士，为了拿到各自的博士学位，让我们天涯各一方而饱受夫妻分离之苦。

正是没有法律监督的极权专制制度，才会使得中共的官员和上层人士专横，狂傲，不可一世；为所欲为，毫无人类行为道德底线。才会使当今社会小三遍地，通奸为荣。正是因为没有对错误进行修正的社会机制，专制制度永远高喊伟光正，从而形成无廉耻的社会和做人心态。

我与鞍钢的冲突，是文明社会的忠诚，忠实道德品质与党国社会的背叛出卖，死不讲理文化的冲突。是人性与党性的冲突。九千六百万平方公里的中国大地上，党性蔑视人性，党性强加于人性。可生为人，被教养为人的我，人性已溶于生命。我不会抛弃人性，鞍钢坚持党性。

在上个世纪80年代中期到九十年代中期，我用自己留学打工和在美国《财富100强》公司的工作的工资为了鞍钢提供了经济保障，为鞍钢创造了静心做学术研究的环境。面对鞍钢对婚姻的背叛，为了给孩子一个父母双全的成长环境，我坚持了两年不同意离婚，要求鞍钢为儿子考虑。但鞍钢没有回心转意。做为一名自尊，经济自立的女性，我不会祈求爱情。我也不会继续接受婚姻中被羞辱的地位。这就是我们婚姻的必然结局。

当年我为鞍钢的支持与付出，是希望他能为中国走向富强、民主做出贡献。与之相反，鞍钢却背叛了初衷，丢弃了正义，出卖了良知，成为党国专制制度合法性的理论缔造者，御用文人。为中共向世界输出共产主义，消灭自由民主的普世价值在摇旗呐喊。

女性当自强。写下这本回忆录，希望世人看到女性敢于自强，自立；不畏艰难，勇敢走出属于自己人生的事例。

2018年9月12日

第一章 四十二岁做母亲

患难见知己，爱与责任相连。

如果一个男人在他妻子怀孕、分娩期间，不但不关心爱护他的妻子，不承担做丈夫的责任；相反是在体力上不帮助妻子，在精神上厌恶、嫌弃、甚至伤害妻子；那么，这个男人根本不爱他的妻子。

- 作者

1.1 分娩日自己开车去医院

我昏昏沉沉地躺在床上，头晕、耳鸣、全身不舒服。想翻身，但却翻不动。预产期就在这两天，腹中的胎儿已经二十四个小时没有动静了，我心里很担心。

我想起身去厕所，试着翻身，翻不动。我试着抬了抬左腿，腿像灌了铅那么重。

"不能这样躺着，"我对自己说："我一定得起来。"

我用左手和右肘用力撑起上半身，坐了起来。看到自己的两只脚，脚踝肿得和小腿一样粗。我慢慢地把腿移到地上，吃力地站了起来。

站起来的我，感到头重脚轻。我下决心要走到厕所。我先用手扶着沙发扶手，走过沙发后，又用手扶着墙。到了厕所，小便后，扔了一根糖尿试纸做了检验。看到试纸结果，下了一跳。整个试纸变成了黑色。证明尿糖是四个加号！

我必须马上去医院。

我开始把牙刷，毛巾，挂号证放在小旅行包里。此时，在另一个房间的小琪表姐听到我的走动声，走出房间问我有什么事。我说，我的尿糖四个加号，必须马上去医院。

小琪表姐是鞍钢母亲三姐的女儿，是鞍钢母亲叫她从湖北农村到北京，在生孩子期间帮助我。

听到我要去医院，小琪表姐马上说："我跟你一起去！" 小琪表姐刚从湖北农村来北京没有几天，人生地不熟，我不忍心让她跟我去那么远的医院。因为到了医院，连坐的地方都没有，太劳累。不如就呆在家里，给鞍钢把饭做熟了，就不会那么累。

我对小琪表姐说："表姐，你就在家，把鞍钢的晚饭做出来，别去了，太累，我自己能够做这事。"

小琪表姐不退让："王倩啊！这种时候我怎能放心让你一个人去呢？ 万一大出血，万一出事，你身边连个人都没有！"

一生天不怕地不怕的我，没有想到像表姐所说的，"大出血"，或出意外；还是劝说表姐留在家。表姐不听，跟着我一步步地走下三楼。

室外的阳光是如此耀眼，照得我眼花。我深一脚，浅一脚地在中科院生态中心的院子里走着，心里非常着急。今天是星期五，已经是下午两点多了，交通会越来越拥挤。从这里，要用多少时间才能到协和医院呢？万一我被堵在路上，万一到不了医院就破水了怎么办？

更使我揪心的是，胎儿已经一天多没有动静了；加上我本身四个加号的血糖，胎儿会不会死掉？我一想起来就紧张。我必须以最快的速度到达医院，每一秒钟对胎儿的生命来说都至关重要。

院子里每个看见我的人，劈头盖脸的第一句话都是："该生了吧！去医院？胡鞍钢呢？"我摇摇头笑一笑，说："不知道。"或只是笑一笑而不说话。

几位好心的邻居，也是生态中心的同事对我说："你在这等一下，我们上楼去找胡鞍钢。"我没有时间在院子里等，我说："你们去找鞍钢，我去门口等出租车。"

小琪表姐一步不离地紧跟着我。我们走到生态中心的大门口，希望能叫到一辆出租车。

星期五下午，生态中心前面的双清路上，自行车和机动车不断，可就是见不到出租车。偶尔看到一辆，也是载着顾客的。二十多分钟过去了，我心里太急，等不下去，就对表姐说："不能再等了，咱们开车去吧！"

我和小琪表姐返回院子，找胡鞍钢回来的人也都在院子里站着。

"找不着胡鞍钢。难道他不知道你临产吗？"人们看着我一筹莫展地说。我心里很苦，但是我什么都不想说。我只是看着大家，苦笑了一下。

我对大家说："等不到出租车，我自己开车去。"

没想到，我话刚落音，人群就对我大声嚷了起来。："你自己开车去？万一路上出事怎么办？"

"这怎么能自己开车去呢？"

"星期五晚上北京城里全堵车，你在半道儿生产怎么办？"

我答不出话来，我没有答案。此时，我只能赶快走。去医院，是我唯一能为腹中的孩子所做的。我不能再耽搁一分钟，着急使我把自己一切的不舒服都忘得干干净净。两只肿涨的，连鞋都穿不进去的脚以最快的速度移动着，走了车库。

打开车门，我得坐进去。那么大的肚子，不能碰到方向盘。一定在方向盘和肚子之间留一定距离，万一路上需要急刹车，方向盘不至于碰到胎儿。我系好安全带，表姐在我旁边坐下。表姐嘴里不停地重复：“鞍钢去哪里了，鞍钢去哪里了？”"王倩，我绝不能让你自己去医院。"

我把车小心翼翼地开出了车库，慢慢穿过生态中心的院子，人们都知道我在自己开车去医院。弯下身看着我大声喊："当心啊！可别出事啊！"

我沿着双清路，开到学院路。此时已经快下午三点了，学院路上，车水马龙，自行车如潮水般地拥在汽车周围。我睁大双眼，小心翼翼地开着。车流很慢，我想，只要不是停止不动，即使慢也还是在向前移动。希望上帝与我同在，能使我在破水之前开到医院。

我开上了北三环路。此时，我必须决定是走西二环还是东二环。我想，如果我走西二环，那我就必须从西长安街开到东长安街才能到达协和医院。星期五的长安街会是寸步难行，我决定走东二环。这样。我只要走一小段东长安街，就可拐上东单北大街。

车流走走停停，表姐紧张地盯着车外，又不停地对我说："王倩啊，你真是太勇敢，我做了一辈子人，也没有见过产妇自己开车去医院的啊！"

听到表姐不停地重复，我说，"表姐，孩子已经一天没有动静了。我的尿糖指标有这么高，血压也高，孩子的生命太危险。一分钟都不能耽搁啊！"。

"那鞍钢今天就不应该呆在家里吗？要是他在家，你就不用冒这个险开车了。" 表姐又说。

想到鞍钢，我心里就很难过，但我不想评论，就说，"每个人的命不一样。我没有那么好的命"。

两个小时过去了，我已快到朝阳门了，再过去就是建国门，只要我在建国门桥上拐上东长安街，按照眼前的拥堵和行进速度，最多半个小时，我就能到医院了。我心里终于感到一丝轻松。

腹中的孩子还是没有任何动静。每当车流停下来的空间，我用手摸着自己的肚子，心中对孩子说："孩子，一定要坚持住。妈妈在尽最大努力，最快地开到医院。孩子，你一定要和妈妈一起坚持住！"

我跟着车流，走走停停地过了朝阳门。建国门立交桥上的车辆在我的视线里越来越清晰。这时我才发现，立交桥上停满了汽车。由东向西的车辆始终停在原处，一动也不动！我继续跟着车流朝建国门驶去，眼睛紧盯着建国门立交桥上，大概有十分钟过去了，东西方向的车辆还是原地不动！

怎么办？！！！我感到一种绝望。我有一种预感，那就是我会被完全困在东长安街上，永远到不了医院，在路上破水，分娩，甚至是死亡……

不行！我的本能告诉我，必须想出办法！此时，我突然想起来，朝阳门附近，可以横穿小胡同到达协和医院。我抬头看马路右侧，一个月前的成片民房已经不见踪影，视线所到之处，满地全是拆迁过后的碎石瓦砾，根本看不见路。但是，我的第六感觉告诉我，决不能上建国门立交桥。我当机立断，向右打把，把车开下了二环，我极其缓慢地开着车，眼睛仔细地在瓦砾中寻找可以行进的道路。

我在瓦砾中行驶，车轮压得碎石乱瓦咔咔作响。经过之处，一堆堆旧房的房梁随处可见。我想到钉子会把车胎扎了，但马上又想，扎就扎了吧，孩子的生命比任何事情都重要。我在瓦砾中沿着空隙开着，慢慢地，我找到了可以使一辆车通过的路。这条小路把我带进了还没有拆迁的居民区胡同。

老北京居民区的胡同路很窄，如果一辆车在行驶，骑自行车的人就得下来靠墙站着，等车过去了再骑上车。此时已经是下午五点多了，胡同里都是下班回来骑车和走路的人。我开得非常慢，可以说比走路的速度还慢。看到车两边有人骑车，我就停下，让人骑过去再开。如果对面走来行人，我同样停下来，让人走过，我再开。这样走走停停，不知过了多久，我终于来到了东单北大街的路口。

马路对面就是协和医院！我长长地出了一口气。

我坐在车里，能看到马路对面协和医院敞开的大门，同时也被眼前那滚滚的自行车夹杂着汽车的洪流所震撼。这自行车的洪流是如此强大壮观，真可以用"波涛汹涌，排山倒海，长江后浪推前浪"来形容。这自行车洪流不仅是如此强大，而且是前赴后继，川流不息。没有一刻会减少流量。

我呆呆地坐在车里，面对车流，束手无策。马路对面就是协和医院，可是我却过不去，怎么办？我真想走下汽车，径直走进医院。可是不行，如果走过去，没准一辆飞快的自行车会撞了我，或者因为后面的车看不见，多少辆车会压过来。如果我丢下汽车不管，汽车会把胡同口给堵了，同样影响交通。不，不能那样做。

怎么办？我问自己，我没有任何办法，没有一辆自行车肯停下来，没有一个人知道我是一个高危临盆产妇。我真想下车走过马路。当人们看到我是个临盆产妇，也许会自动让出一条路。我默默地想，如果表姐能开车有多好，这样，她可以把车开走，我就可以穿过马路到达医院了。

我焦虑地在车里坐了十五分钟的样子，看着对面的医院却无法到达，心中很是忧伤。我感觉很累，我试着移动一下踩在刹车上的右脚，右腿很重，又试着移动了一下左腿，也重得移不动。我看不见自己的腿肿到何种程度，但自己的意识很清楚。我必须极尽全力过马路。此时，我多希望有个人能帮一帮我啊，哪怕只是大声对着车流喊一声："劳驾，帮帮忙！这是位高危产妇，劳驾让她过一下，去医院！"

表姐从农村出来，连普通话都不会讲。她一路跟着我，伴随我，这份忠心已使我非常感动。表姐一路看到我开车走过这么多交通拥堵的地方，已经很紧张。我不能让她为我冒任何险。

为了让车流中的人注意到我，我开始一寸，一寸地向前移动着车。希望靠近路边行驶的自行车能开始停下来，这样，我就可以一点一点的横穿马路了。我继续一寸寸地向前移车。我的车头已经到达了人行道的边上。自行车的车把一辆辆擦着我的车头经过，有的车甚至在我的车头上靠一下继续行驶。就是没有一辆车停下来。正在我拿不出任何主意，又近于绝望的时候，突然，夹在自行车流里的一辆出租车司机注意到了我，或许他猜到我要去对面的医院，或者他看到了我那张疲倦、肿胀和焦虑的脸，他把车停了下来，从而截断了滚滚车流。

上帝啊！没有任何语言能表达出那一刻，并延续我终生的感激之情。这位好心的司机，他救了我，救了孩子！

我开起车，抬起左手，向那位司机拼命挥手道谢。然后我小心翼翼地开车蹭过一辆一辆的自行车前轮胎，横穿这也就十几米宽的东单北大街，开进了协和医院的大门。

我深深地出了一口气，连续几个小时担忧的心，终于放了下来。我看了一下时间，五点四十五分，我开了近三个小时。

我先去停了车，然后和表姐一起，以自己的最快步伐赶往急诊室。

1.2 住院

与拥挤的北京道路成相反的对照,那天星期五傍晚的急诊室却异常清静。我挂完号,很快见到了医生。化验结果很快出来了,血糖到顶了,四个加号。医生看到我的血糖情况,马上送我去了楼上住院部。

在住院部有一位女医生在值班。我认出,这就是一个星期前把我从这个病房赶回家的医生。这是一位和我年龄相仿的女医生。更确切地说是一名工农兵大学生。不仅从样子上看得出是一位走出边远农村的人,说话时,一口河南话更是使人感到有一种说不出的奇怪感。在北京市中心,可以说是最好的医院里,不会说普通话。

人不应该以一个人的出身来评判一个人。每个人的道德品格才是使他人尊重的最基本出发点,

她看到我,马上带着嘲讽的口气说:"你怎么又回来了?不让你出院,你非得出院,这回好了吧? 高血压, 糖尿病,高危产妇。"

听了她的话,我感到震惊。我不明白,怎么连协和医院里的医生也会撒谎? 而且是大言不惭的撒谎?

我看着她,不想说出已经在嘴边的话。我低了一下头,对自己说:"为了孩子, 还是别得罪她吧。"

我心里想说的是:"对不起,我记得,那天早上你做的例行查房,检查完我的血压,当时是 130/90. 你当着整个房间的病人,对年轻的医生说,"'行了,血压正常了,让她出院!'是不是? "

她当时那个"让她出院!" 时的挥手动作还都活生生地印在我的眼前。

我想,她当年从农村被保送上大学,一定是当地最红的红五类,或是当时最革命的造反派,比如革命委员会主任等等。这些最革命

的人物，应该是按照党中央的文件喊口号喊得最响的人，所以也应该是表里最不如一的人。这些人非常明白他们手中的权利有多么强大。他们随便说一句话，就可以决定普通百姓的命运。这位医生，她明知我是高龄头胎，并有血压高，血糖高的症状。按当时医院的规则，应该留院观察直至孩子出生，可她却因其自身嫉妒原因，在临产前一个星期把我赶出医院。 这就是文革中培养出来的工农兵大学生的医德。

在上个世纪九十年代中期，已经大学毕业的，有本事的全都出国了。留在医院的，要不就是五十多岁文革前的大学生，要不就是刚毕业的大学生。 像这位四十来岁的中年医生只有她一位。与新毕业大学生比，她应该是相对有经验的，从而她是住院主治医生。

做为一名在国外拿到博士学位，参加工作后回国的我，不知在什么地方触动了这位主治医生感到不愉快的神经。无论我如何有礼貌，都无济于事。我今天脸上的表情肯定触犯了她。对我和孩子不会有任何好处。

我被安排在产科病房一室的第五床。

这一病房有六张床。房间的门在当中， 门两侧各有三张床。 第一到第三床已经住上了孕妇或产妇。我住在门左侧当中的床上。

因为不是探视时间，当表姐陪我走进病房，护士执意要表姐离开， 不准在医院停留。表姐根本不认识回去的路，也不知道坐公共汽车的路线。这让表姐去什么地方呆啊！

我问表姐累不累，表姐说不。表姐就是不愿我为她担心。

我对护士说明了表姐的情况，再三要求护士让表姐在走廊里的长椅子上坐下休息。等到我先生来时再和我先生一起回去。最终，护士同意了。我和表姐走到走廊上，帮表姐找到了坐的地方。使我心里好受了些。可是，让表姐坐在医院里，精神上肯定不放松，我心里还是过不去。

我终于可以喘口气了，托着两条重的像木桩似的腿，我慢慢走回我的病房。

我在床上躺下，让自己的心逐步安静下来。

这时，第四床的孕妇刚刚住院走进房间。这是一个典型的城市女孩。一米六六左右的个子，举止文雅。扶着她进来的是他的丈夫。他先生个子不高，可能一米七左右。后面跟着拿着盥洗用具的，是她的婆婆。从穿着和举止就知道她的婆婆就是刚从农村来的。

只见女孩的丈夫轻手轻脚地帮女孩在床上躺下。帮她换好医院的病服。又去给她倒水。在整个过程中，她的丈夫都是轻声细语，体贴周到。她的婆婆一直在床边站着，给人感觉到她刚到城市的拘谨，不知应该做什么。过了一会儿，我听到他的丈夫在问她想吃些什么。然后，又对他自己的母亲说为女孩去准备。正是这样的家庭，才使我看到了人世间应有的人情与温暖。一份此时我希望得到，却得不到的，最起码的关爱。

想到自己，我心里难过。事实上，怀孕期间我一直心情郁闷忧伤。因为，自得知我怀孕的那天起，鞍钢从未给过我一个拥抱，从来没有问过我身体的状况或是我的感觉。常常是看到我不舒服，转身低头，一声不响就离开，甚至几天也不理我。此时，使我想起了今天半夜发生的事情。

夜里两点钟左右，我非常不舒服。怎么躺着都不是，想翻身都极其困难。我悄悄地起来去厕所，极怕吵醒身边的鞍钢。

从厕所回来后，我实在太不舒服，就在床边的沙发上坐下。沙发发出了声音，鞍钢醒了。我听到他醒了，就对他说："鞍钢，我特别不舒服。"

我不求他为我做什么，当时的我真的想得到他一句安慰的话。

"谁叫你从医院回来呢？！我们又管不了你？！"

没有想到得到的是胡鞍钢充满厌恶声调对我的训斥。

"又不是我自己要出院的，是医生要我出院的。" 我说。

鞍钢在我出院回家那天，已经用这种话狠狠地说了我。我已经和他解释过。今天，在我告诉他我不舒服以后，鞍钢还用同样的话来伤害我。

我靠在沙发上，黑暗中，我的眼泪默默地沿着脸颊留了下来。我不知道我做错了什么。

"你自己找的，你自己在医院住着就没这事。"

胡鞍钢又加上一句。说完，鞍钢起床上了厕所。他两次在我面前经过，连头也不抬，根本不看我一眼。回到床上，特地翻身背对着我，顾自己睡觉去了。

这话太伤我了，我的心堵得难受。我说不出一句话，坐在沙发上继续默默地流眼泪。我不想回到床上，我不想和那样一个对我没有一丝同情的人躺在一个床上。因为我觉得鞍钢所说的，做的，根本不像是我的丈夫。

我在沙发上一直坐到天亮，头晕脑胀。

胡鞍钢也安稳地自己睡到天亮。天亮后，他起床，也没理我。连看都没看我一眼。吃了早饭出去上班了。

我在他出去上班后才又回到床上躺下。

在两个星期前的孕期定期检查中，我因为血压高被要求住院。在医院住了有一个星期。因为住在医院休息，血压自然有所下降。但是，我日夜惦记鞍钢，鞍钢查出糖尿病有近一年了。最近一直在吃中药。如果我在家，每天都亲手把中药给他煎好。亲手把中药倒到碗里，给他端上。住院的那个星期，我日日夜夜惦记着鞍钢。担心他又不注意休息，不按时吃药，我感到自责，没有给鞍钢亲手煎药，没有尽到妻子的责任。

那天，当主治医生赶我出院回家，我心里其实很高兴。因为我能马上见到鞍钢了！我高高兴兴地坐了出租车，回到了家。满心欢喜地进了门，没想到鞍钢在家。看到鞍钢真高兴，可没有想到鞍钢连看也不看我，把脸扭到一边，非常不高兴地，眼睛根本不看着我，说：

"你回来干什么啊？！我们又管不了你？！"

我愣了。我不明白鞍钢为什么会这样对待我。是因为我快要临盆，从而耽误了他写文章？或是见记者的时间？是我不能再帮他讨论写作思路？还是我此时变成了一个需要关怀的人，给他添麻烦，使他厌恶？

我再也没有想到鞍钢会对我这种态度。

想到这些，我的眼泪又默默地留了下来。

"你的心情真不好。"我耳边响起了一个和蔼的声音。是我邻床的女孩。她心真细，听了她的话，我苦笑了笑。

她与我交谈了起来。她很主动地告诉我，她的先生是中科院生物所毕业的博士，而且就在生物所工作；她就住在生物所的院里。

我告诉她，我也是中科院的家属。

虽然已经躺在医院的床上，我心中仍是担忧。已经超过一天了，胎儿没有一点动静。平时，胎儿总会踢我一下，或者动一动。今天，孩子没有任何动静。我再三请求护士让医生来给我做决定，早些进手术室。

晚上八点中左右，医生来给我做检查。这是一位正在上大四的北医的男学生。他问我有没有腹痛，我说没有。他带上听诊器，听了胎儿的心跳，说："胎儿有心跳，没事"。接着，他又大声说："你这孩子个子太小，不会超过五磅。" "你这个人，吃的东西都自己吸收了，要不就是你动的太多，把吃的能量都自己消耗了，孩子没得到，所以长得这么小。"

做母亲的哪个不想让自己的孩子长得结实强壮？听到孩子瘦小，我心里不好受。他还不罢休，又说："按照已定方案，必须是剖腹产"。

孩子这么小，还不能自己生，我听了心里很难过。我从知道怀孕的第一天就对医生要求自己生，因为女人有生孩子的功能，没有任何理由不用这个功能。可是医生不允许我自己生。原因是我的年龄，而且是头胎。更重要的是我有过子宫肌瘤手术历史。医生担心我自己生会导致子宫破裂，孩子大人均会有生命危险。

这位年轻医生又加了一句："女强人！到了这么晚才生孩子，才会剖腹产。"

我是一个人，一个普普通通、有血有肉的、有人性的女人。为什么要说我是"女强人"？

中国不知道在什么年代发明了"女强人"一词。九十年代在国内工作，无论走到哪里，我都被周围的人称为"女强人"。好像女强人是钢铸铁打的，无血无肉无情感。我对此词非常反感。回顾我们一代人的人生，是中国社会的独裁政权导致的文革，才使我们这一代失去了读书的机会。十年后，当大学校门重开时，我们当然要尽全力把失去的时间追回来。等读完博士学位后，一切都比别人推迟了。应该被指责的是政府，而不是我们这些力争夺回时间的人。

这位年轻的医生离开没有十分钟，我就破水了。我赶紧叫护士通知医生。医生对我说，手术室正在准备，九点半推我去手术室做剖腹产。我请求医生快些送我去手术，因为孩子没有任何动静。我心里感到恐慌，每时每刻都担心孩子会出意外。

已经晚上八点半了，鞍钢还没有来。

此时的我，多么渴望得到一份从自己丈夫那里给予的关怀和温暖啊！哪怕是握一下我的手，或是对我说一句："别怕，一切会好的。"都是对我莫大的安慰啊！

可是我却得不到……

我泪眼望着天花版……

母亲在我不到二十岁就去世，父亲再婚后搬走与继母同住。我和弟弟非常近。但是鞍钢是我生命中最重要的人。鞍钢是我的一切。

我常对人说："在这个世界上什么都不重要，只有鞍钢最重要。"

我对鞍钢说："鞍钢，在这个世界上我什么都不在乎，只在乎你。"

从得知怀孕那一天起，我没有得到鞍钢的一句问候和拥抱。这几天，鞍钢对我这么不好，我还是每时每刻都在惦念他。

鞍钢终于在九点二十五分走进了病房。鞍钢脸上没有一丝笑容，更没有一丝关切，满脸不愉快的表情。他不询问我感觉怎么样，他也不问我自己开车过来路上是否顺利或者劳累。

因为鞍钢不说话，我问了他一句："你为什么到现在才来？生态中心院子里的人没找到你吗？"

鞍钢脸上一脸不高兴："找着了。"

"找着你了，那怎么会这么久才来呢？"我不明白。

"我上我爸妈那里去了！"鞍钢的态度非常恶劣。他非常不高兴。是因为我说话让邻床听见了，让他这位名人丢脸？我没有再说话。我非常明白，就是去了他父母家也用不到这么长的时间，因为是顺路。

手术室的车已经来了，护士走进来说，马上送我去手术室。而且，手术期间家属绝对不能留在医院。我不明白，为什么产妇的丈夫不能在手术室外等待手术做完？做为一名产妇，如果我知道家人就在门外，心里会多一份踏实感。但是我的情况又有些不同。虽然我很希望鞍钢在手术室外等我，但我更担心是鞍钢的身体，他有糖尿病，应该休息好，不能劳累。我非常渴望鞍钢能在我身边，但是鞍钢的健康比我的生命重要。他还是应该回家早点休息。

　　我对鞍钢说："你和小琪表姐一起回去吧！到家就睡觉，孩子生出来后，我让医院打电话给你。"

　　鞍钢和小琪表姐一起离开了。

1.3 剖腹产

晚上十点左右，我被推进了手术室。手术室非常空旷、高大。说是手术室，还不如说是一个大厅。我被推进手术室后的第一个感觉就是感到浑身寒冷。看到头顶上黑洞洞的天花板，感到自己渺小无助。

那天的主刀医生，就是那位刚给我查房，还在上大四的北医男孩。我的原定手术方案是半身麻醉。当我在手术台上躺下后，麻醉师在我后腰部的脊柱位置一左一右打了两针麻醉针。脊柱是人体的神经中枢。麻醉针每一次打下去都极其疼痛。麻醉师也是一位小年轻。那两针麻醉针在手术后，给我留下了十几年的腰部疼痛后遗症。加之这次手术产生的肠粘连，协和医疗质量有其名无其实。上次在上海华山医院做子宫肌瘤手术，麻醉针位置不同，也没有导致肠粘连。上海的华山医院的医护人员非常有礼貌，具有人情味。协和医院的护理人员不惧同情心，读者可在以下的章节读到。

麻醉针打完后，手术室的两位护士，一位五十岁上下的男士，一位三十岁左右的女士，一左一右地在我腰部上方挂起了一块白色布帘，以防止我在手术中看到自己被剖开的肚子，以及所有血腥场面。主刀医生站在我的右边。他对我说，要开始做手术了，让我尽量少说话。

我能感觉到刀子在我的腹部划过。我没有疼痛的感觉，但能觉出动静。突然，我感到腹部的紧绷感瞬间减小。一声清脆嘹亮的婴儿啼哭声爆发了出来。

"太好了，孩子还活着！"我心里深深地出了一口气。

"嘿！是个男孩！" 那个年龄大的男护士大声说。

我头上的光线被伸过来一双手臂和一团东西遮住。我仔细看去，方明白那团东西是一个男孩子的两条腿和两腿之间的生殖器。

"满意了吧？！" 男护士大声问我，

我不明白，为什么问我满意不满意。我更不明白，为什么不给我看一下孩子的脸，却要给我看孩子的下身。做为母亲，我得认识孩子的脸，如果医院调错了孩子，做妈的可以分得出来。

整个怀孕期间，我不知道是男孩还是女孩。每次孕期的超声波检查，医生从不告知胎儿的性别。我明白地告诉过医生，男孩女孩对我都一样。可是医生就是不讲。即便是医生不讲，我也能隐约感到是个男孩子。每次我闭上眼睛，眼前总是出现的是一个跑得满头大汗的淘气包。

又是一声大叫，把我从思绪中带回现实中。这次不是婴儿的哭叫，而是那名年轻女护士的叫声。

"妈呀！这小子的劲儿怎么这么大呀！"

因为布帘子档着，我无法看到两位护士在作什么，也许，他们在给孩子洗澡。

"这小伙子长大可不好惹！"男护士又加上一句。
"这小子怎么这么大劲啊？！"女护士又在抱怨。

听他们反复说婴儿力气大，使我想到了怀孕期间自己在营养方面和运动方面做的事。整个怀孕期间，蛋白质方面，我只吃瘦牛肉，鱼和鸡蛋，我没有碰过猪肉。我只吃粗粮，没沾过白米饭，白面馒头。而且，我自幼几乎不吃糖，怀孕期间没有沾过一口蛋糕或甜食。但新鲜蔬菜和水果一直是能吃多少就吃多少。怀孕期间，我坚持工作、锻炼、游泳。我想正是我自己没有充分休息，自己的身体把吃进去的养料都吸收了，孩子没有得到足够的养分才会很小吧。

我把自己孕期的饮食讲给了护士听。一直沉默的主刀医生开口了。

"你别讲话了，好吗？你一讲话，肚子里就有空气，你再讲，刀口就要缝不上了！"

我赶紧闭了嘴。

可这时，那位男护士又说一句："你这儿子，真吉利，六斤六两。"

是吗？我心里暗想七磅四盎司不算重，但也说得过去了。刚才我还以为自己把养分都吸收了，所以医生说孩子太小，没想到孩子并不小。此时，我又多了一份安慰。

手术结束，我被推回病房。在回病房的路上，我请求护士给家里打一个电话。请她告诉鞍钢，孩子平安降生。

回到病房已经早上两点种左右。

麻醉剂的力量还未消失，我并不觉得很痛。一尺多长的刀口在身，使我翻身极其困难。医院在我的病床左侧放了一张婴儿床。儿子就躺在里面。不知儿子是生出来就饿，还是包裹的太紧，小家伙大哭不停。

病房里的一床到三床都已经生了，也全是男孩子。人家的男孩也哭，但哭的声音很小，几乎听不到。可是儿子的哭声震天响，连走廊里都听得清清楚楚，甚至隔壁房间的人都会吵醒。儿子在公共场合制造如此之大的噪音，特别是在夜深人静，人人都要睡觉的时候，令我非常受窘不安，感到对不起大家。也许，抱一抱孩子能让他减少哭声，可我根本坐不起来。听着儿子不停地哭声，又听到周围床上不停地翻身声音，我不仅自责而且觉得很难堪。不知道如何是好。因为六个人一个房间，没有隔音设备；而且，病房的门大敞着，声音要传多远就有多远。我只好轻声地说："对不起，对不起。"

好不容易等到天亮，儿子哭累了，睡了。可被吵了整个后半夜的室友，没有一个有好心情。就连身边四床的中科院生物所的女孩也在和来探望她的丈夫抱怨。"五床的孩子哭了一夜，根本睡不着。"

我觉得脸都没处放。

当时的协和医院推行的是母乳喂养。像中国政府推行的所有事物一样，连医院这种事业单位，做法也是一刀切；强制推行，任何人没有自己的选择。所有孩子生下来不给喂奶，直到自己的母亲下奶。母亲不下奶的日子里，婴儿们就干饿着，连口水都不给喝。

九点多钟，鞍钢和小琪表姐来了。小琪表姐还为我煮了鲫鱼汤。真不知道她几点起的床，太难为和劳累她了。生态中心离协和很远，坐公交车要两个多小时。他们夜里又被电话吵醒，肯定也没有睡好。小琪表姐见到我笑得连嘴都合不上。她走到儿子的小床边，左看右看，端详着儿子的脸说："像鞍钢，是不是？" 说完还是看着我笑。表姐真善良真诚。

鞍钢进了病房第一件事就是径直走到儿子的小床前，低下头，仔细看了又看儿子睡觉的样子。然后抬起头，像是自言自语，又像是对房间里的所有人，得意地说："这就是儿子！这就是儿子！"

见到鞍钢，我把昨天发生的事情全都推到脑后。面带微笑地问他："鞍钢，昨晚睡着了吗？今天感觉累不累？""不累！"鞍钢马上回答我。

1.4 母乳喂养

孩子已经出生近十个小时了。医生要求我每两个小时给孩子母乳喂一次奶。可是我没有奶。孩子本能地吸着奶头，因为没有奶，我不知道是孩子感到饥饿哭泣，还是他就是要哭。

就这样到了第二天，儿子可能是饿得没有力气了，哭声明显小了许多。护士每四个小时来量一次体温。儿子的体温开始上升。我还是没有奶。这时，我想问一下住院医生，是否能给孩子一些水喝。我是个母乳喂养的坚定支持者。但是在婴儿体温上升的情况下，我希望孩子能有一口水。

鞍钢与住院医师谈话后，没有结果。医生还不同意给孩子水。到了下午，儿子体温变得更高。这时，鞍钢和表姐已经离开。我再次要求护士与医生谈孩子的情况。这次医生来到我的病房说："因为产妇年龄大，又没有奶，允许给孩子一点水。"

等到护士拿来了水，我才明白，那只是用湿棉花球蘸一蘸孩子的嘴唇。

第三天早上，孩子又在哭。我醒来，伤口很痛。我想坐起来抱一下孩子，这样，他就不会吵别人。那时，病床只是一张简单的平板床，没有可以摇动的手柄把床的一端升高。所以，我想坐起来很艰难。旁边的产妇都有人陪，而且别人根本不起来，就让陪床的家人拿来便盆，在床上大小便。我因为住的远，小琪表姐还没有来。我先在床上转成侧身。然后一点一点地将上身抬起。

我每抬起来一寸，伤口都被抻得生痛。我告诉自己，一定得自己坐起来！我一寸一寸地抬高自己的上身。无奈实在太痛，大汗直冒，又一头栽回了床上。

一位正在病房里走动的护士看着我试着自己起来，又眼看着我栽回了床上，走到我的床脚位置，脸上一副瞧不起的神情，对我说：

"你家里的人呢？"

生下孩子第三天，刚刚过了 48 小时的我，血压还没有完全正常，很虚弱。栽回床上后的我，正一口一口地喘着大气。看到她的表情，听到她说的话。我什么都不想讲，因为我不想生气。

护士的职责是帮助病人。她眼见我起不来，不上前帮我，反而指责我的家人没有在。她的意思就是，帮一名肚子上又一尺多长刀口的病人从床上起来，是病人家属的责任，而不是护士的责任。这就是协和医务人员的医德。

我喘了一会儿气，等自己呼气平稳后，又逼着自己起第二次。按照自己读到的文献，手术后，越早活动越有利于康复。下地走动不仅增加血液循环而且增加肠蠕动，这已经是手术后第三天了，我还没有通大便。我必须站起来。

决心很大，做起来谈何容易。这次，我还是以侧身躺着为起始位置，用手将身体撑高一寸后，喘一口气，给自己积攒战胜下一步疼痛的力量。就这样，我的上身一点点地抬起了将近三十度。伤口被拉得剧烈地疼痛，加上身体虚弱，身体开始颤抖。对面三个床上的二、三十岁的产妇们，睁大了眼在看着我。一个对我说：

"你再躺两天，等拆了线再起来不就少痛点儿吗？"她说的是常理，但不是我对待生活的态度。对面床上都是二十岁左右的年轻母亲。她们就是躺一个星期，伤口和体能都会很快恢复。我有着她们双倍的年龄。即使我今天能站起来，每天坚持走动，也不会像她们那样快地恢复。

我继续默默地，用力地用两手在身体左侧撑起上半身。身体冒起了大汗，两个胳膊在颤抖。此时，眼前出现了一个身影，是小琪表姐！小琪表姐一步跨近我，扶住我的肩膀。有小琪表姐扶着我，我再也没有失去平衡的担忧。我一点一点地，终于直坐在床上。

此时刀口剧烈地疼痛，我满身大汗。我稍微停了一下，准备继续站起来下床。表姐扶着我的右胳膊，我缓慢但顺利地下了床，站了起来！

这是一个巨大的胜利，我迈出了产后恢复的第一步。

我站着定了定神，明白自己没有头晕，开始迈出了第一步。表姐当然是不放心，扶着我，走了几步。我说："表姐，没事，让我自己走。"我小心地，缓慢地走到了病房内的厕所，又走回自己的床边。

此时，一位四十多岁的男医生走进了病房。他看见我在走动，就问："手术几天了？"

我说："今天是第三天。"

"很好"他说，"越早动，越早恢复。"

第一次见到这位男医生是在门诊部。那天我刚从化验室拿到妊娠阳性的结果，站在门诊室里和我的医生谈话。我的医生是一位文革前的大学生，她和蔼，同情达理。当她听到我怀孕时，高兴地说："多好啊！真替你高兴。"我说："我感到很紧张，不知道自己能否承担这么大的责任。"

这位男医生走进门诊室，刚好听到我说的话。看了我一眼马上说："怀孕了？赶紧打了去呗！"我没有说话。我想他是看到我的年龄，以为我是超过一胎的怀孕。我的医生回答他说："她怀的是第一胎。"

第二次，是在两个星期前我因高血压住院的日子里。那天，是这位男医生查房。看过我的情况后，和我讨论起已定好的剖腹产方案。我说："我不想剖腹产。我希望自己生。既然人体由这样的功能，为什么不用呢？本来一个人有完整的身体，为什么毫无理由地去开上一道呢？"

听了我说的话，这位男医生转了个身，面对全病房的产妇说："听见了吗？你们各个年纪轻轻，却都不想自己生，偏要剖腹产。她年纪几乎是你们的两倍，却要自己生。你们知道剖腹产的后果吗？要是大家都像这位高龄产妇一样，我们做医生的得省多少心！"

当时的我，只是按我对事物的判断准则分析事物，我并不知道剖腹产给我以后生活带来的危险。在剖腹产十五年后，剖腹产引起的肠粘连导致近两年可怕的肠绞痛、肠梗阻。最后一次，如果不是那位急诊室的女医生果断给我做手术，我已经不会在人世了。

由于剖腹产割断腹部肌肉，使支撑腰椎的原始肌腱遭到破坏，从而给老年腰椎病痛带来很大的负面影响。做为女性，应该尽量避免剖腹产。

小琪表姐给我带来了水果。我拿了一个苹果，削了皮，就开始吃起来。没想到，这吃苹果，遭到了整个病房一片担忧和教育我的声音。

"坐月子不能吃水果，不能吃凉的的东西，你知道吗？" 一个来探望产妇女儿的，比我大不了十岁的人以教育我的口吻说。

"吃了凉的东西，牙要掉了的，你知道吗？" 又一名产妇对我说。

她们全是关心我，但是没有科学依据。我看着她们，笑着说："产后如果掉牙，是因为缺钙。及时补钙，吃绿色蔬菜，喝牛奶，牙就不会掉。"

我又说："水果里有维生素和纤维。像我这样开了大刀的人，需要多摄取纤维，增加肠蠕动，排便。"

她们不再说服我了。可我知道，她们也不会相信我说的。

今天，鞍钢没有到医院来。他要接受记者采访，还要写文章。我能够理解他，因为我本身也是一个工作狂。对于他来说，工作要比妻子和儿子重要。 我爱鞍钢，总想在最大程度上帮助他。因为帮助鞍钢的意义不只是在他个人的事业，而是在中国整体的现代化进程。如果鞍钢能够帮助推动中国的开放进程，使中国老百姓不再经受文革以及过去一次次政治运动的苦难，我再吃苦，也值得。这也是我与鞍钢走到一起的原因。

1.5 公司送来的鲜花

生完孩子的第三天，我所在的公司得知孩子安全出生，派北京办公室主任亲自送来了一个鲜花花篮。花篮有一米宽，一米二高。而且花的颜色典雅，没有大红大绿，我也很喜欢。因为花篮太大，摆在我的床头柜上有一种头重脚轻的感觉，我就让我们公司北京办公室主任把花放在病房一进门的大柜子上。这样，全房间都被美丽的鲜花照亮了。

傍晚时分，那位工农兵大学生的中年女医生走进了房间。她转身时发现了那个大花篮。

"这是谁的？"她大声问。

"五床的。"靠近花篮那个床的产妇回答她。

"我的，"我加了一句。

她看了看花，半转身，斜着脸看着我说："这花放在这里干什么？谁也看不见？"

"怎么会谁也看不见？整个病房都看得见。"我心里想。突然，我明白了，她想要这蓝花。在九十年代中期，那蓝子花需要几百块钱，不是普通工薪阶层能够买得起的。我就说，

"你喜欢，你就拿去吧。"

这位工农兵学员医生，头都没有回，双手抱起花篮，连声谢谢都没有讲，就连人带花篮走出了房间。

我想，从小父母就教育我们，"不是自己的东西，一分钱都不能拿"。今天，在协和医院这么有声望的医院里，我们的医生会明着看到患者的东西眼馋就想要。一盆花本身不值多少钱，但是它却揭示了一个人的道德水准。

病房里对面床上的几位产妇睁大眼看着我,好像是在问我:"你干嘛要给她?" 其中一个说:"她还真拿走了。"

第二天, 公司的无油离心机集团又给我送来了一个花篮。 我让送花的同事把花篮放在了前一天放花篮的位置, 鲜花使整个病房显得有朝气,明亮。出院时, 我把花篮留在了那里。

1.6 婆婆来探望长孙

鞍钢第四天和婆婆一起来到医院，因为婆婆想见长孙。婆婆是二十五岁时生的鞍钢。那么婆婆当时应该是六十七岁。鞍钢除了鼻子之外，尤其是那双眼睛，长得和他的母亲一样。当鞍钢和婆婆一起走进病房时，一眼就看出，那是娘俩。唯一的区别是，一个肤色白皙，一个黝黑粗犷。

我爱鞍钢。虽然鞍钢从我怀孕起就对我不关心也不帮助，但我总是告诉自己，"鞍钢做事专注，太忙，忙于做研究，写文章。他的脑子没在其他的事情上"。今天，鞍钢能来医院，我好高兴。觉得心里多了一份温暖和依靠。

看到婆婆进来，我赶紧下了床。"妈，你好！"刚想说："快请坐，" 突然意识到，病房里连一张凳子都没有。只好说："真抱歉，这里没有椅子和凳子。"

婆婆没有笑。更没有问一声说："你好吗？刀口恢复的怎样？"在鞍钢的搀扶下，婆婆绕过我的床，走到床的另一侧儿子的小床边。低头看看出生第四天的孙子。我说："妈，你看他像谁？"

婆婆说："像鞍钢。"

"是，" 我说："脸盘像鞍钢。可惜鼻子不像。真希望鼻子应该像鞍钢。这样鼻梁会挺直。结果像我了，是个塌鼻子。"

此时，一个对面床上的家属走到儿子的小床前。我想，这人是产妇的哥哥或弟弟。他挤到婆婆身边，也弯下腰看着儿子。然后伸出两手来摸起儿子那幼小的脸。

我的心一下缩紧了。这不是要把细菌传给刚出生的婴儿吗？父亲从小就严格要求我们不许用手碰脸。因为手最脏，而且病从口入。此外，父母都教育我们，不得到别人的允许，不能碰或动别人的任何东西。难道这个青年人不知道吗？

还是婆婆严厉，马上说："唉，你别碰我孙子！""快把你的手拿开！"那位青年把两手缩回，但他还是不离开。挤在儿子的小床边。我问他："你是特别喜欢孩子?"

"是，我喜欢孩子。我就喜欢你的孩子。"真怪了，他的姐姐不是也刚生了孩子，他怎么不去摸他姐姐孩子的脸？

过后的几天里，我一直害怕，怕儿子的抵抗力不够，让细菌侵蚀了。还好，担心的事没有发生。

婆婆总共呆了大概十几分钟，就走了。鞍钢也理所当然地陪他母亲走了。看着婆婆走出房间的背影，又看到站在四床边上轻手轻脚做事的四床产妇的婆婆，心中感慨。

从与鞍钢交朋友的那天起，只要我到他家，就是我做饭，我洗碗，我收拾屋子，婆婆什么都不做。今天，婆婆只是来看孙子的。

四床的婆婆每天到医院来探望儿媳，更确切地说说，是伺候儿媳坐月子。每天在家里做了吃的带到医院，到了医院不仅与儿媳交谈，还帮助儿媳做事。从四床的婆婆与儿媳的关系中，我看到的是人类平等的关系，人间亲情，家庭成员之间的沟通与互助。

我是一个极其独立的人，能自己做的事，绝不会求别人。我不指望或希望鞍钢的母亲为我做什么。但是在鞍钢母亲身上。我看不到这份平等身份之间的亲情，沟通与互助。和鞍钢的母亲的关系，是统治者与蔗民的关系。

1.7 邻床生了个女儿

过去的几天中，我左边的那张床 – 六号床一直空着。今天将近中午的时候，一位北京郊区农村的妇女住了进来。这位妇女住进来后，很快就被送进了产房。过了不久，一个女婴和这名妇女就回到了我们的病房。女婴的小脸红红的，一头乌黑的头发，使人感到小家伙很健康。

我们病房里已经住着的五个人，生的全是男孩子。 今天， 这位新来的母亲生的是女孩。

这位女婴的妈妈从产房回来就一直低着头躺在床上不说话。这时候一个穿着旧军装，剃平头的男人走进了病房。我猜他是一名复原军人。他在我们病房里来回地走动，脸上没有一丝笑容。他先到我儿子的小床前看看儿子，又到我隔壁四床看了一下那个男孩。 看后又到对面的小床上看其他的孩子。因为每个小床前都挂着婴儿的性别和出生日期。我想，他是在看别人生了男孩还是女孩。他把整个病房转完了之后，站在病房中间大声说：

"他 X 的！怎么别人都生的是男孩，就我的是个女的？ 就你他 X 的生的是女孩？"他冲着六床的妇女吼着。

中国几千年的封建传统文化是重男轻女。政府的一孩化政策更导致农村家庭只想要男孩。这个从农村来的家庭，能住的起协和医院，我相信经济条件比一般的人家要好。就是家庭条件好，也没能摆脱封建传统意识。当爹的认为女孩子长大没有用，导致今天在产妇病房里当着众人大声骂自己刚刚生产的妻子。

一股火气从我心里冒了出来，做丈夫的怎能在妻子刚刚生完孩子时，这样当众责难，伤害妻子？对妻子和女儿没有最起码的感情和关爱？我真为这位农村妇女抱不平。回头看了一下六床的妇女，只见她在抹眼泪。

我心中叹了口气，心想，世界上还有比我心里更苦的人。就探出身，轻声对六床的产妇说：

"你女儿长得多结实，头发那么黑，多健康，多好的一个孩子！"

说完，我转过头来，撑起身子，看着站在病房中央的复原军人，说：

"对不起，先生，我不明白，生女孩子怎么了？"

他先一愣，不说话了。我又说："你看不见满屋子五个男孩，只有你女儿一个女孩子吗，二十年后，男孩子都找不到老婆，到那时，你就能体会到你的女儿有多珍贵了。"

整个病房极其安静，没有一个人说话。大家都在听我得罪这个男人。我非常清楚，我根本改变不了他的传统观念。果然，他低了一下头，都没在妻子身边停留，走了。

晚饭时间到了，医院食堂把饭菜送到病房。六床的妇女，还是闷声在床上躺着。我对她说："吃点儿东西吧，不能饿着，生孩子消耗了这么大的体力。你女儿还等着你把她养大呢！"她抬起头，一双泪眼望着我。我问她："你有饭票吗？"她摇摇头。"我这儿有，"我告诉她。

吃完晚饭，我说，"别难过，女儿岁数越大，越和妈贴心。别让别人的话上心。女儿是给自己养的。女儿永远是你的，任何人也夺不走。"

第二天上午，还是没有人来看望六床的产妇。我心中真的是气愤。我不明白，难道女儿就不是亲生骨肉吗？丈夫只因妻子生了女孩子，连饭都不管了？！

在没有健全的社会养老福利制度的前提下，中国的计划生育政策扭曲了人性，夺走了亲情；撕裂了夫妻情感，撕裂了父女之情，撕裂了家庭。

第二天下午，终于看到六床的娘家来人看她了。我心里松了一口气。

第五天早上，那位工农兵大学生来查房。看了我的情况后，她说，明天，即第六天拆线；后天，第七天，出院。我打电话给鞍钢，叫他后天，儿子出生的第七天来接儿子出院。

第一章於 2018 年 2 月 26 日完稿

第二章 出院后的日子

孩子是上帝赐予人间最美好的礼物。

孩子的出生,是家庭幸福的新开端。可是在我和胡鞍钢的婚姻中,新出生的孩子成了人性,亲情与责任的试金石。正是由于孩子的出生,我才看到与明白了,我深爱的鞍钢并不关心我,也不想帮助我,更不想携手抚育孩子与承担为人父,为人夫的责任。

人在成功之后,方会显露出一个人的真实本性。孩子只有三,四个月大的时候,鞍钢到西北各省做地区差异调研,由于他有糖尿病,血糖过低而在飞机场晕倒。当他的同事告知我他的情况,我心急如焚,焦虑万分,劝解他能注意休息。鞍钢根本不听。对于他来说,名利地位远远要比身体重要,远比儿子和家庭重要。他对名利有责任,但对家庭和孩子没有责任。

当时的鞍钢,对于名利追求到达了疯狂的地步。用我那时的话来形容:"鞍钢被困绑在狂奔的名利战车上下不来了"。

2.1 出院日

产后第六天，医院按照那位工农兵大学生的决定给我按时拆了剖腹产的缝合线。拆线时我才看到，刀口那么长！刀口至少有一尺三寸。我想是因为怀孕肚皮被撑大的缘故吧！拆了线，我心里非常高兴，因为第二天就能回家了！而且昨天就和鞍钢讲好，他会来接我和儿子。能和鞍钢一起抱着儿子回家，对我来说是人世间最幸福的事。

鞍钢这几天都没有到医院来，因为他很忙。他要做研究，写文章，接受记者采访。还要专门去给地区，省级或其他政府领导人讲课。

做为一个女人，我当然愿意自己的丈夫能在身边，尤其是自己怀孕生孩子期间。鞍钢不来医院探望，我有时心里会难过。但我总是想办法说服自己，并告诉自己，应该像没有怀孕时那样，独立地把困难解决掉。

几天前，自己开车来医院生孩子的事已经被我完全抛在脑后。总希望和鞍钢一起相亲相爱地过日子。所以，产后第六天的一整天，我都一直幸福地等待着第二天和鞍钢一起回家。

对我来说，生活中，什么都不重要，只有鞍钢最重要。因为我的所有快乐与幸福都源自和鞍钢在一起。

从十五岁到二十五岁的十年中，我们被剥夺了受教育的权利，被强迫在工厂，农村进行强体力劳动。1977年恢复高考，使我们这些有着理想与报复的人，终于有了靠自己的能力奋斗的机会。我们当然是一定要读到自己想达到的学位方可罢休。但是，这是一个推迟了十年的学业追求。三十多岁的人，本应是过阖家团圆，养儿育女的日子，但我们这一代，却是夫妻分离追求学业，做着本应该是二十岁人做的事情，直到四十岁以后才有孩子。

毛泽东的文革对中国社会乃至每个家庭及个人的负面影响是无尽的。

与鞍钢分离在欧洲读博士的岁月中，我承受的分离之苦，是无法用语言表述的。那是日日苦思，是柔肠寸断。那种煎熬，只有经历过的人才能明白。记得鞍钢对我说起，他在中科院读博士时，宿舍里一共四个人。四个人的妻子都在国外读博士。到最后两年读博时，也就是长期分居了近三年之后，那三位博士生在国外的妻子全和先生们离了婚，留在了国外。只有我仍与鞍钢相守。

1990 年，鞍钢拿到中科院自动化所博士。1992 年，鞍钢申请到了到耶鲁大学做博士后的机会。此时，我已在米兰为英格索兰工作两年多了。由于意大利整个社会程序繁琐，办事拖拉。虽然我 90 年已在学校答辩完毕，但我们还必须到罗马国家教育与科研部，面对一个由不同大学教授组成的委员会做最终答辩。这个答辩要排期，而且当时排到 1992 年 2 月。我不得不留在意大利等待答辩日期。得到鞍钢要去耶鲁读博士后的消息，我知道是离开意大利的时候了。

1992 年 2 月，我在意大利国家教育研究部博士委员会的博士学位答辩顺利通过。回到公司，我对工程部的经理提出辞职。经理加上部里的同事，全是一个口气："王倩，你疯了？！"

我开始不明白，为什么所有意大利的同事说我疯了。一位和我极要好的同事说："王倩，你的先生懂得你为他做的牺牲吗？""是吗？" 我问自己，"这能算得上是牺牲吗？" 我爱鞍钢。能和他在一起是我的幸福。我已经拿到了博士学位，以后就是要回国，把学来的知识奉献给祖国；和鞍钢一起生活，过日子。帮助他把中国变得更好，让中国老百姓不要再承受苦难。因为我相信鞍钢有这个能力。这也是我要做的事。

1992 年是欧洲与美国经济大萧条时期。工厂大量裁员。失业率居高不下，没有任何经济收入当时在意大利是非常普遍一个现象。英格索兰是一家美国跨国公司。虽然没有 GE 或 GM 名气大，但当时是 FORTUNE 的前一百名。在意大利，那是一份人人想得到的好工作。在经济萧条时期，保住饭碗都不容易，每个人心里都存在着会失去工作的担忧。所以，我还要在如此困难时期辞职，可以理解为什么同事们说我是疯了。

但我决心已定。工作没有了再找，对我来说，和鞍钢生活在一起比什么都重要。我和部门经理再三说，我二月底离开。

几天之后，我接到总裁秘书的电话，她要我去一下总裁办公室。

走进总裁办公室，总裁 Casagrande 先生和蔼可亲地坐在他的办公桌后面。微笑着问我："你的部门经理和我说了，你要辞职，去美国和先生一起生活，是吗？"

"对。"我微笑着回答。

Casagrande 先生是意大利裔的美国人。他有着意大利人的亲切和蔼，更有着美国男人的大度，开明与公正。

接着，他又问我鞍钢会住在美国什么地方，要在美国做什么等等。我一一回答了他。

Casagrande 先生停顿了一下，说："这样好不好，你去离心机美国总部工程部工作，这样，你离先生近一些。我们也需要优秀的工程师。"

这是我没有预料的事。这是一万种可能的选择中，最好的一个。这也是靠我自己力量根本无法达到的事。我没有想到 Casagrande 先生会是如此替员工着想，如此关爱他手下的每一位员工！

就这样，不到十天，所有文件到齐。我去美国米兰领事馆顺利拿到了签证，飞往了美国。

多少年后，当我和一位在美工作的，也是曾经的意大利同事谈起 Casagrande 先生时，他说："如果 Casagrande 先生要我现在马上上战场，我都会去。"我说："我也会。"

这就是"士为知己者死"的真正含义，也是我心中感恩之情的真实写照。

我飞到美国，到 New Haven，当时鞍钢的住处，停留了三天。在此期间，见到了和鞍钢往来的一些中国留学生。他们当时艰苦的生活环境让我震惊。过后，鞍钢曾对我说："这里的学生都说你很运气。"他们是指我有工作，而且还被公司从意大利转到美国。

机会永远是给了准备好的人。我的一生运气很少。我的机会，都是花了比别人多十倍的努力拼来的。就像我在前面提到的，1992年，整个西方经济大萧条。企业裁员，大批民众失业。如果我也是一名文科毕业的，也就是像当时鞍钢周围在耶鲁的留学生，我根本不会有工作。我之所以有工作，是因为我是学习工程的。学习工程的人在三个方面，既智力，吃苦能力与承担责任，必须超过学文科的人。首先，学习工程的人智力要高于学文科的人。其次，机械工程要求的数学、物理和力学需要学生下更大的功夫学透知识。学习工程自然也比学习文科要辛苦。至今，在世界范围，机械工程毕业的本科女生仍然只占机械工程毕业人数的百分之五。就是从机械专业毕业，绝大多数毕业的女性也没有做工程，而去做了项目管理之类的工作。做一名机械工程师，首先要做到脚踏实地，认真负责，任何现场的工程错误，必须及时解决。做一名女工程师，就是每天穿着铁头鞋，在车间和图纸之间把设计变成运转的机器。一般的女性会嫌这样的工作辛苦。一般的女性也不愿意承担这么大的责任。

IR生产中、大型工业空气压缩机，范围从500到5,000马力。这些空压机应用于航空工业，汽车制造业自动控制，火力发电锅炉吹灰，化工厂仪表控制，纺织厂无梭织机喷梭，药厂压力发酵，轧钢厂压制钢板，可口可乐装瓶，等等，等等。所以在欧洲，就是在美国，真正的女工程师极少。我每天面对的，无论是同事还是客户，几乎是清一色的男性。

只有当一个女性不仅胜任所有男性的工作，而且比男性做得更出色时，公司才会留你。

那些说我运气的人，如果他们也曾像我那样在文革中冒着天天被批判的危险，蒙在被单下读书；如果他们也像我一样，和名校出来的，比我年轻十岁的男性在全国考研中竞争拿头名；如果他们也像我一样，和男人一起，穿着铁头靴爬脚手架，上三四层楼高的厂房顶部检查设备；也像我一样，四、五个小时在噪音高达 100 分贝以上的试车室里，记录数据，计算，交出试车检验报告；我想，他们就会明白，什么是付出后的收获。

因为世界上，没有免费的午餐。我是那些工作场合中的，唯一一名女性。

最主要的，我从未觉得工作辛苦或者超过我的承受极限。相反，我是充满了激情与快乐在做我的工作。我为自己能够承担责任而自豪。

关于我在西方工业界做了三十年工程师的回忆，将在我的第三本回忆录《母亲的责任》里讲述。

我飞往肯塔基州的离心机总部报到上班。两个月后，鞍钢提前中断了在耶鲁的学习，来到肯塔基州与我团聚。鞍钢把进修学校选在了傍边的 Murray State University。从 1992 年 5 月到 1993 年鞍钢回国，我们在一起在美国度过了幸福，快乐的时光。

1993 年鞍钢回国后，公司安排我到中国协助建立合资企业。1993 年 10 月，我卖掉了在美国的一切，回到了中国。

出院的日子终于来了。早上医生查完房后，护士告诉我换上自己的衣服。我也给儿子换上了自己的衣服。一边给儿子换衣服，我一边兴奋地对儿子说："我们回家了！一会儿爸爸来接我们，我们回家了！"

对我来说，能与鞍钢抱着我们的孩子并肩走在一起，回家，就是人生中最幸福的事。只要想一想，就会使我心里充满幸福感。

原来鞍钢说好九点半左右来医院，已经九点半了，他没有到。我想可能因为堵车。等到十点，鞍钢还是没有来，我有些担心鞍钢会出什么事。就要求护士给鞍钢打个电话。护士回来说，电话没人接。既然电话没人接，那么，鞍钢就肯定是已经出来了。

我不停地安慰自己，告诉自己不要着急，告诉自己鞍钢不会出事。鞍钢到十一点钟还没有到，我不好意思再要求护士给鞍钢打电话，但心里开始着急。此时，儿子饿了，开始哭。我顾不上再着急，又得先喂儿子奶。

大约在十一点十分左右，一位生态中心专门给鞍钢搞勤务工作的女士－邢师傅走进了病房。我一见她，觉得非常奇怪，就问："鞍钢呢？"

邢师傅看着我，抬高了声音说："胡鞍钢今天有外事活动，他今天有记者采访。"

"什么记者？" 我问，一股火瞬间从我心里冒出来。两天前就已经打电话与鞍钢说好今天出院，如果鞍钢约了记者，不能来，他可以提前告诉我。而且，什么记者如此重要，连自己儿子出院都不来接？

我火了。

这时，邢师傅抬高了声音，我看得出她是想让病房里所有的人都听见，或者说是在显摆。

"胡鞍钢今天有外事活动。他今天要接受外---国---记者采访"。 邢师傅特地把"外国"两个字拉长了声音，这使我更火了。我心里想，"外国记者懂得人性，对他们来说家庭第一。他们知道妻子生孩子，或接新出生的孩子出院远比工作重要得多。"

我说："和任何外国记者说一声，他们都会绝对理解。把这采访往后推两个小时又有何妨？如果鞍钢早就决定不来接孩子，提前告诉我一声也没有关系吧！"

在九十年代，国内人听说外国记者要采访，好像是天大的事，非常了不起。可胡鞍钢在国外生活过，他完全明白人性、亲情与家庭相对工作哪一个更重要。我当时想不明白，为什么鞍钢不来接孩子。二十多年之后的今天，重新看这件事，我明白是胡鞍钢自己追求名利到了不能自我控制的地步。是他自己要求被采访。而不告诉记者他新出生的儿子还在医院，等着他去接。

更仔细地想一下，由于鞍钢的语言能力与财力限制，他在耶鲁时，只是和中国学生打交道，住在极其贫穷的区域内。他来到肯塔基后，无论任何生活上的事情都是我与外界打交道。所以，胡鞍钢虽然在美国生活过，但是根本也没有真正地接触过美国社会以及西方社会的民情、习俗、以及文化。也就是说，他根本也没有学习到西方的人文思想和家庭的核心价值。

胡鞍钢当时明知自己不会来接孩子与我，他也不提前告知。因为他不在乎我会着急，担忧。

出院时，我早已把分娩那天自己开车去医院的事忘到脑后。今天，当我回顾往事，不禁问起自己，如果鞍钢对让我自己开车到医院分娩感到歉意，他会尽力去补过，他肯定会来接孩子。他连孩子都不来接，说明他不内疚。

当时的我，因为想不明白，一直问自己："鞍钢过去不是这样，鞍钢为什么这样对我？"

那天，因鞍钢没有来，表姐也没有来。可住院用的东西得拿走，孩子也得有人抱。邢师傅加上我，只有两双手。一个人肯定是要抱孩子，另一个拿东西。我从心里不想让别人抱只有六天大的孩子，更确切地说，抱孩子时，大人的脸离孩子的脸如此近，我怕别人把细菌传给孩子。

我对邢师傅说："邢师傅，是不是请你拿住院用的东西，我来抱孩子。"

病房里的人一直在听我与邢师傅说话。此时对面床上的一位产妇说："你刚拆了线，就抱孩子？"

听了她的话，我不知道该说什么。此时的我有不抱孩子的选择吗？没有，我没有任何选择。如果我的丈夫心痛我，此时他会在我身边。就是我的丈夫不在乎我，如果他爱儿子，他也会到医院来把儿子接回家。我是一个不怕吃苦的人。我不在乎此时抱孩子使身上刀口的疼痛，但我想到鞍钢对我们母子的冷漠，心里隐隐作痛。

我开始和病房里的室友告别。尤其是那位生了女孩子的农村妇女。我叮嘱她一定不要难过，养好身体。女儿会永远是她最亲的人。我把所有的饭票都留给了她。

我弯下腰，抱起在婴儿床里睡觉的儿子。还好，我不觉得他很重。但孩子的腿部压到我肚子的伤口上，我确实感到腹部压得很不舒服。我没有选择。我开始慢慢地向病房外边走去。

记得生孩子住院的那天晚上，虽然两腿肿胀，但没有觉得医院的楼道长。今天，同样的楼道，却是如此之长，走不到头。孩子并不重，但肚子的伤口紧绷着，使我感到两腿就是迈不开。也许是生完孩子，身体虚弱？我一步一步地向前挪着。做为一个女人，不论我平时如何坚强，当我身上有一尺多长的刀口时，我希望我所深爱的人能伸出手来，拉我一把，或者给我一个拥抱，给我一份关爱和力量。现实中，这种想法只是我的奢望，我得不到。

我慢慢地，一步一步地抱着儿子在产科楼道里走着。护士从我身边经过，有的会看我一眼，有的肯本就没有注意。那一瞬间， 是我人生中第一次出现过希望有人能帮帮我的念头。

终于， 我靠自己走到了电梯口。

走进电梯，我轻轻地靠在了电梯内的墙上。将孩子倒了个手，让自己松口气。孩子没有醒，安安静静地睡着，给我减轻了很多负担。

电梯开始下行，我两手紧抱着孩子。虽然只有一个楼层的间隔，当电梯停下来时，还是产生了强烈的，惯性力引起的震动。我两手紧紧地抱住孩子，在那震动的一瞬间，伤口感到一阵剧烈的撕痛。

由于鞍钢没有来，自然也没有自家车。我需要和邢师傅打出租车回去。我叫到一辆出租车，坐到了后座上。那个年代里， 北京的出租车全是小面包车。车里面要多脏有多脏，米黄色卡其布的椅子套都变成了黑色。千百人坐过的出租车里不知会有多少细菌。我担心孩子抵抗力弱，又担心出租车刹车时我坐不稳，孩子的头会碰到前面的椅子背上。我用力将孩子直着抱起来，从而他的身上任何一个部位也不会碰到车上的装置。

从医院到生态中心，即使路上不堵车，车不停地开，也要至少一个半小时。这一个半小时里，除了全身紧绷着抱紧孩子，我的眼睛一直紧张地盯着车前方。担心一旦刹车，碰了孩子。与此同时，我又不想冷落邢师傅，可我找不到更多的话题和她谈话，一路上更多的是沉默。在沉默之中，我想到的是鞍钢。我不明白他为什么这样做事，我不明白为什么鞍钢会去见记者而不来接儿子。

出租车司机很帮忙。到了生态中心，他把车开进了院子。这样，减少了大约五十米的走路距离。那短短的平日不起眼的五十米，在那一天对我来说就等于一千米。我怀里抱着孩子，缓慢地下了车。我先为身体找到平衡，站稳了脚，然后开始一步一步向家中走去。邢师傅脚步快，她先去我家里告诉鞍钢我和儿子回来了。当我距离住宅楼三十米距离时，看到鞍钢向我走来。

鞍钢脸上没有任何歉意。我看到他，转过头，继续抱着孩子向前走。这是自从我认识鞍钢以来第一次不理他。鞍钢见我没和他讲话，连说了两个怪声怪调的："别介耶，别介耶"。说时脸上带着莫名其妙的，让人心里打寒战的冷笑。自从在1978年在河北矿冶学院和鞍钢相识以来，我们相亲相爱。遇到事情，我们永远是坐下来谈话，相互沟通。这次，我不想张嘴，我失去了与他交流的愿望。他可以忽略我，他没有理由忽略他的亲生骨肉，一个没有生存能力的婴儿。如果鞍钢具有最起码的人性与父爱，他就应该懂得这个道理，他就会来接孩子。

我没有把孩子交给鞍钢，自己继续抱着孩子向前走。走到楼门口时，表姐下来了。我把儿子交给了表姐，用腾出来的一只手扶着楼梯把手，让自己喘上几口气。

我累了，真的累了。

我艰难地，一步一步地爬上楼梯，终于回到了家。

到家给孩子喂奶,换尿布;此时,伤口开始一阵阵撕裂般的疼痛。

2.2 刀口崩裂

我终于有机会躺下了，我太累了。我喘了口气，低头看了看自己的伤口，只见纱布一片浅红色。血水已经浸透了纱布。

"哪来的血水？"

我暗问自己，我小心翼翼地揭开右上角的纱布。看到将近三分之一的伤口崩开，红色的肉露了出来，靠近刀口中部，崩开的是如此之深，我看着都害怕。

我感到紧张："如果伤口感染，导致生命危险，刚刚出生的儿子怎么办？"

我叫表姐把呆在另一个房间的鞍钢叫过来。

鞍钢一脸淡漠的样子走进来。我对鞍钢说："鞍钢，我的刀口崩开了。中间部分裂得很深。我不知道我是否应该再坐起来。我也不知道是否应该去医院。如果去医院，再坐车颠动，可能会更坏。"

没想到，鞍钢听了狂怒："谁让你抱孩子呢？！我让邢师傅去，就是让她抱孩子！你自己找的！"

我被鞍钢的语言惊呆了几秒钟，鞍钢的反应完全超出我对事物，人情，家庭伦理的理解范围。是啊，从结婚开始，鞍钢读硕士，我在国内工作，以后鞍钢读博士，我在国外读博士，这么多年来，我们夫妻之间一直是我挣钱养着他。只要我们在一起，我为他每餐做可口的饭菜饭，为他准备好生活中需要的一切，为他创造无忧无虑，可集中精力潜心做研究的环境。此时，我倒下起不来，给他添了麻烦。他看到我的处境，不是着急，而是厌恶。因为我耽误了他的时间？这种用在我身上的时间，可以多写一篇文章，使他更出名？可当时的我，根本不明白为什么。只觉得痛苦万分。

我的眼泪夺眶而出。我对鞍钢说："鞍钢，我做错了什么事？你要这样对待我？"

我无法止住眼泪。站在旁边的表姐大声说："鞍钢啊，王倩刀口都崩开了你还要怨她？"

鞍钢不说话。我又说："你能否打电话问一下生态所所长的太太。她就住在旁边。你说过她是北医三院妇产科的主任。也许她知道怎么处理伤口。"

这时，鞍钢更火了："那个所长老跟我找别扭！你让我去找他？你找死啊？"

我愣了，我再也控制不住，眼泪哗哗地涌流了出来。鞍钢的言行让深深爱着他的我感到绝望。我没有想到我活得如此凄凉。在我刀口崩裂的时刻，鞍钢不仅不心痛我，帮我，还要我去死。

"我不活了！" 我仰望着天花板，凄惨地哭出声来。

鞍钢一下跳近我，右手的食指戳到我的鼻子上："你死去！你今天就死去！你死了，海淀出个大新闻！" 说完嘿嘿地笑着，一脸讽刺表情走出了房间。

我哭出了声。此时，我心中涌起了一股恨意。我连自己都不明白。为什么我会恨他。我开始问自己："我这么爱鞍钢，为什么会恨他？"

表姐实在是看不下去了。她对鞍钢说："王倩起不来啊！你还要让她去死。自己家里人怎么会这样啊？"

表姐又急着劝我："王倩，别哭了，刚生完孩子，不能这么哭，太伤身啊"！

儿子被我们的声音吓着了，也开始哇哇大哭。

表姐走出了房间，对着鞍钢说："鞍钢，你得马上找医生。万一王倩出了事，孩子也活不了"。

可能表姐那句:"孩子也活不了"起了作用。鞍钢给生态所所长家打了电话。

不到十分钟,所长夫人就过来了。她问我剖腹产的时间和拆线的时间。她说,"如果按24小时计算,你的伤口刚五天,这么大的伤口至少要七天才能拆线"。她又说:"腹部手术后,不能拿重物"。

我明白了,又是那位协和医院工农兵学员做的事:提前拆线,也没有告知我拆线后应该注意的事项。我抱了儿子回家,长达一个半小时的承重导致刀口崩裂。

所长夫人查看了我的伤口,让我等一下。她回家取来了酒精,特殊胶带和纱布。她把分开的刀口挤压到一起,消毒后先用胶布粘好,然后又用纱布把整个腹部缠绕起来,使刀口处不受任何张力。她告诉我,尽量不要下床。她第二天会来看我。

由衷感谢这位所长夫人所表现出来的救死扶伤的精神。这位所长夫人每天来家中帮我处理伤口,救了我,也救了儿子。

所长夫人走后,我还是一如既往地对待鞍钢。

今天是儿子第一天回家。我担心儿子夜里哭,影响鞍钢睡觉,就叫鞍钢在早就为他准备好的房间里单独睡。那个房间离我和儿子的房间最远,儿子即使哭,听到的声音会最小。小琪表姐是鞍钢的母亲叫来帮我坐月子的。小琪表姐是客人,我也希望小琪表姐能睡好觉。让小琪表姐在旁边的一间房间单睡,儿子和我在一个房间。这样,我半夜起来喂奶不会吵醒鞍钢与表姐。

几天下来,原以为让鞍钢自己睡,能使鞍钢休息好,没想到鞍钢反而自己关在那个房间里不分昼夜的工作。半夜常常与外界通电话,来电话的铃声把儿子吵醒,使小家伙哇哇大哭,连我和表姐都无法休息。

我对鞍钢说，希望他能对新生儿着想。他连理都不理，照旧半夜大声打电话。管你孩子哭与不哭，管你王倩有没有觉睡，好像跟他根本没有关系。

鞍钢此时表现出来的罔顾家人的行为，到达了完全没有人性的地步。

对于鞍钢来说，名利是他生命存在的唯一目的。

2.3 月子里发烧

孩子两个星期左右的一天夜里,我起来为孩子喂奶。脚下一滑,摔倒了。我不敢叫,怕吵醒表姐与鞍钢。但是由于脚扭的极痛,无法自己站起来,我在地上趴了很久,才靠自己站了起来。也许是那时着了凉,第二天,我开始发烧。

开始只是低烧,可到了下午,温度越来越高,烧得我口干舌燥,没有力气。傍晚,鞍钢回到家,表姐对鞍钢说:"王倩发烧了。"

…… 鞍钢没有答复,也没有进到房间里看望我。

看到鞍钢没有反应,表姐又说了一遍:"鞍钢,王倩在发烧呢!"

这时,只听到鞍钢在打开电视机。新闻联播的声音传了出来。表姐走出了厨房,"鞍钢,你没听见我说王倩在发烧吗?"

"我得看新闻联播。" 鞍钢回答说。

"新闻联播不能等会儿看?" 表姐不明白。

鞍钢没有回答表姐,坐下来专心致志地看新闻联播。

表姐没再说话。

我在床上,听到鞍钢与小琪表姐的对话心里很难过。我也没说话,因为我明白,再说什么也没用。

新闻联播结束了,鞍钢站了起来,用一种了不起的口气说:"像我这么重要的人物,能不看新闻联播吗?"

二十多年过去了。鞍钢当时说话的声调与语气仍在我的耳边回响。我仍在问自己,一个人要狂妄到何种地步,才会对自己生病的妻子不闻不顾,并大声炫耀自己非常重要,而且必须看新闻联播?

当天晚上，我担心把病传给孩子，不敢与孩子在一个房间住。我与表姐换了房间，让表姐在我房间里和孩子睡。到了晚上九点多钟，我已经烧得口干舌燥，浑身无力。表姐在忙孩子，我恳求鞍钢给我倒一杯水，并求他把热水瓶放在我的床头边。这样，我夜里需要水，可以自己倒，不用打扰他们。

"鞍钢，给我倒杯水，好吗？"

说完，我闭着眼睛休息，等鞍钢给我拿来水。这时听到"砰"的一声，睁开眼，见鞍钢转身将一杯水放在了写字台上。写字台离床很远，我伸手够不到。我不明白为什么鞍钢不把水放到我的床头柜上？我没有力气抱怨，也不想抱怨，自己爬起来，走到写字台，拿到那杯水。

因为鞍钢没有将热水瓶放到我床边，我只好再求他。每次张口，我心里都好难过。就拿一瓶水的事，我要一遍又一遍地说。

"鞍钢，能把一个热水瓶放到我的床头吗？"

终于，我又听到砰地一声响。这次，声音发生在房间的门口。鞍钢重重地将热水瓶丢在房间门外。话也不说，转身就走。我再三求他把水瓶放在我的床头也没有用。半夜里，我烧得连力气都没有。还是要自己爬起来，走到门口，拿起热水瓶，给自己倒水。

第二天早上醒来，鞍钢不来问一声："你还发烧吗？你饿吗？或者"你要吃什么？"就像我在这个世界上不存在一样。

由于鞍钢根本不理睬我，低落的情绪在我心里越积越深。每当朋友，同学打来电话，只要和他们谈话，我就会失声痛哭。

鞍钢就坐在不远的地方，每次听到我在电话里和朋友伤心地哭，他无动于衷。我打完电话后他也从来没有问过我一声，"王倩你为什么哭？"或者是"王倩你有什么不高兴？"

二十多年之后回头看当时发生的事，我想胡鞍钢根本不爱我。就是平常的朋友，听到我在哭，也会问一声"王倩，你怎么了？"

鞍钢每天都看到，我全身关节疼痛得都站不起来，坐不下去。他从来都没有过来拉我一把，帮我站起来。或是扶我一把，帮我坐下去。他就是装作没有看见。知道我精疲力尽，都不问我一声。从头至尾听到我在哭，如同没有听见。

试问一个有血肉，有亲情的人会做出这种事来吗？不会。

在美国时，我教会鞍钢开车。怀孕期间，出门仍是我开车，鞍钢坐车。鞍钢有美国的驾驶执照，他就是不换成中国的驾驶执照。就是要等着我伺候他。

如今回想起来，鞍钢是一个没有人性的人，或者是早已变心了。只是我这个受人类道德水准教育长大的人，根本不会想到自己的丈夫会背叛妻子，背叛家庭。

2.4 产后抑郁症

我很幸运，破裂的刀口没感染。生态所所长的妻子救了我和孩子的命。

在接下来的日子里，我重复出现心里极其悲哀，以至想死的念头。

在怀孕期间，有时我不舒服，或有我体力达不到的事，求鞍钢帮忙，他不理我时，我会难过，也常常自己默默地流眼泪。

生完孩子后，鞍钢每天回家，有我对他的关切，问候，但我听不到他问我一句："今天你好吗？"或"你累吗？"或"你要不要休息一下？"有时，他连话都不和我说。回到家，直接就进他的房间，根本不理我和孩子。我得不到先生从体力上的帮助，也得不到他语言上的关爱。

我渴望得到鞍钢的关爱。我并不是要鞍钢专门为我在体力上做什么，我只希望鞍钢能对我说句话。越是渴望鞍钢给我一些心灵上的温暖，因为得不到，心里会更难过。抑郁的症状变得更严重。

每当想死的念头出现，我的脑子就清醒地告诉我："你不能死，你没有任何理由去死！一个无助的生命在等着你将他抚育大。"我非常清楚，我有一份义不容辞的责任在身。我必须倾尽我所有的心智与体力，尽到自己的责任。

我要战胜自己，我一定要找出自己想死的原因。

产后对于母亲的最大挑战是没有觉睡，得不到休息。昼夜每四小时喂奶，刚要睡着又被哭声吵醒。我要找出自己持续要自杀的动机，开始找时间看书。

怀孕期间，曾有几位美国同事来中国出差，给我带了一些初为人母的书籍。我开始细读。从而查到了产后抑郁的病症。

由于我大龄产子,产后身体的调节功能要比二十岁的人相差悬殊。荷尔蒙不正常,导致抑郁。严重抑郁,产生自杀念头。这是其中的一本书中讲的。多少年后,我在读有关大手术对抑郁症的影响时又读到, 每次大手术,由于对微神经系统的破坏,都会导致术后抑郁症的产生。我当时有产后,术后两种神经系统的创伤,所以抑郁症严重。

当时只是在上个世纪的九十年代中期,还没有听说抗抑郁药物。那本书提到的唯一治疗方法是家人关爱。

我自己的母亲在我19岁那年去世,父亲再婚。父亲,弟弟生活在外地。虽然弟弟会常打电话来,他们不是解决我抑郁症的关键。

我决定和鞍钢谈一谈。

那天, 鞍钢下班回到家,又是径直向他自己的房间走去。我走到自己房间的门口对他说:"鞍钢,我想和你说一下我的情况。"

鞍钢转过头,连身子都没转,站在他的门口说:"你要干吗?有什么事?"

"我的事。我想和你谈谈。"我说,

"谈什么?" 鞍钢脸上表情从淡漠转换成瞧不起,

"你又帮不了我!" 他一脸不屑地说。

我愣了。这话是从哪儿来的?我明明觉得他的话说得不对,可却说不出话来。人真有被累糊涂的时候。是啊,生完孩子后真是没有时间帮鞍钢整理文件,共同讨论社会问题了。但我为什么觉得鞍钢说得没道理呢?

孩子出生后,父母双方都要承担责任。我把所有照顾孩子的事情都揽过来,也就是帮鞍钢在减轻他的责任。鞍钢仍认为我帮不了他,那么鞍钢明确地认为,他对儿子无需承担任何责任。除此之外,抚育孩子是我的责任。 因为有了孩子, 我没有帮他写文章还是我的过失。鞍钢并不知足，而且不感恩。他不认为是，王倩，你把照顾孩子的责任全承担过去了，让我专心做研究。谢谢你。反而是，你王倩把时间用在照顾孩子，你帮不了我了。你王倩做得还远不够。

我没有说出自己的想法。返回了我的房间。

第二天中午，鞍钢回家。我再次要求和他谈话。这次，我叫他走进我的房间。

看着鞍钢走进房间，我把书翻到"产后抑郁"的那一页。对鞍钢说："鞍钢，我的情绪不好，可能得了产后抑郁症。你能把这一段书看一下吗？或许对改善我的病情有帮助。"

我伸出左手，拿着书，想把书给他。

鞍钢站在原地，一动不动。手在身边垂着，没有伸出来。

"你还想要什么？"鞍钢一脸不耐烦，"房子，车都有了，你还要什么？"

我愣了，没想到鞍钢会蹦出这种话来。我说："鞍钢，房子和车，我在美国就已经都有了。我都把它们卖了。房子和车对我不重要，这个世界上只有你重要。我根本不在乎房子和车。在这个世界上我什么都不在乎，我只在乎你。"

我接着恳求他："鞍钢，请你不要这样对待我好吗？"

鞍钢不说话。我接着说：

"鞍钢，请不要这样对待我，"我指了指墙角说：

"我已经被你逼到墙角，我没有退路了。请不要这样对待我好吗？"

我把手中的书递给他，满心希望他能读一下书，从而懂得我的产后抑郁，能给我一点关爱。

鞍钢接过书，二话没说，随手把书啪地一声摔到了我身边的床头柜上，转身走出了房间。

"鞍钢，你为什么要这样对待我？"我的声音哽咽了。看着他朝外走的身影，我问他。鞍钢听到我的带哭的声音，转过身，一脸轻蔑与厌恶的表情说：

"你得让我高兴！明白吗？"

说完头也不回地走了出去。

那时的我不明白，为什么鞍钢要这样。我刚生完孩子，得不到家人的关爱；抑郁，有自杀的念头。我心里时常感到忧伤，高兴不起来。鞍钢拒绝给我关爱，却要我像我没有怀孕时那样，只允许给他带来快乐。为什么？

眼泪再一次无声地留下来。我走到儿子的小床边，看着儿子那可爱的小脸。儿子每天都在变，在长大。我告诉自己，我没有权利去死，我一定要活下去，一定要为了儿子活下去。

鞍钢拒绝和我谈话，拒绝与我沟通。为什么？我不明白。从那之后，我碰到老朋友常说的一句话就是：

"我到死也不明白。为什么鞍钢这样对待我。"

今天，回想起那一幕，从鞍钢当时的话中可以看出，我们是有着不同追求的人。对于我来说，一切物质的东西都不重要，只有精神上的财富，爱情，亲情最重要。对于鞍钢来说，物质，名利最重要；可爱情，亲情并不重要。这一点，是我和鞍钢在矿院认识时，在那物质贫乏的时代没有意识到或检验过的。大学时代的我们，只是情系中国的未来。今天，我们在精神世界追求的不同之处正在逐步地显现出来。

我想，一个人的童年生活，塑就了人成年后的品格。我与鞍钢的儿时的家境，是我们不同之处的渊源。

我曾经在上海探望过鞍钢爷爷奶奶家和鞍钢大姨的家。爷爷奶奶和大姨的家都在我认为的棚户区。除了下乡时住在农村让我了解了中国老百姓的居住条件，下乡以前的我，是根本没有见过棚户区的。我自己的外公 – 外祖父住在上海静安寺附近的梵皇渡路，文革时改为万航渡路。外公住的是自家的，有抽水马桶和浴缸的西式洋房。杭州的众亲戚也都是住在自家有院墙，独门独院的中西式房子里。外公家里的家具是纯西式。姑姑家里是清一色的红木家具。

从西山路走出来的我，上大学时，天真的认为只要是大学毕业的人就都是文明的，有教养的，有品德。岂不知，教育并不等于有教养，有道德。一个人所受的教育程度与教养品德无关。一个人的精神世界也与教育程度无关，一个人的精神世界完全是儿时的家境培育成的。

我爱鞍钢，我接受鞍钢。那么无论他的亲属多穷、多脏我都接受。我照样帮爷爷奶奶和大姨烧饭做家务，做所有我眼里看到的事情。

可是，在此时此刻，鞍钢与我对人世间的不同追求，已经是格格不入。一个是名利与物质， 一个是精神与人性。

2.5 肠胃炎

鞍钢没有接受我的再三恳求，在孩子满月的前一天离家到法国访问一个月，然后定好再到香港呆半个月。鞍钢去法国之前就不满意地教训我几次："就是因为你，我的法国行程都推迟了两次了！"他嫌我的怀孕，生孩子耽误了他的法国之行。

孩子满月后我就回去上班。白天，表姐在家里带孩子。我晚上工作回来，照顾孩子并和孩子睡。我的工作地点在赛特大厦，每天下班开车回来都已经是七点钟，表姐白天在家带一天孩子也非常累。

也许是太过于劳累，也得不到休息，我的体质继续下降。一天中午，在赛特食堂买了饭。吃完了后，就开始严重腹泻。我估计是食品变质引起的食物中毒。我马上去了医院，取了药。

由于身体抵抗力极弱，腹泻十分严重，连续三天大剂量用药都不管用。因为不能吃东西，而且仍然持续腹泻，连水都不能喝一口。我已经是连走路的力气都没有了。感谢表姐，也难为表姐，她昼夜都在带孩子。

到了第四天，我连床都起不来。可这时，表姐开始剧烈腹痛。听到她的呻吟声，我不知如何是好。我爬起身，在药箱里找到止痛片，让表姐服下。表姐的疼痛似乎有所减轻，但是可以看出，她还是疼得喘不过起来。

我必须去医院。因为我在这样腹泻下去，我知道会有生命危险。怎么办？我感到叫天天不应，叫地地不应，要是鞍钢能在家有多好啊！这样能让表姐喘口气，休息一下。我挣扎着给孩子喂了牛奶，让孩子睡了。这样表姐可以躺下休息一会儿。

我头晕，走路脚下如踩棉花。迈一步出一身汗。感到一阵风会把我吹倒。我叫了出租车到了北医三院。照常排队挂完号后去看门诊。门诊的一位女医生看了我的情况说：

"你已经脱水了，得住院。否则病情无法控制。"

我怎能住院呢？我住了院，表姐怎么办？她一个人带着孩子，连菜都没法买。而且，她还正在承受严重的腹痛。

"我没法住院。" 我用蚊子般的声音说，"家里有出生不久的婴儿，帮我的表姐也在生病。"我说。

"你得马上输液，知道吗？"医生说，"能让我输了液就回家吗？然后我明天再来输液？"我恳求医生。医生同意了。

这位医生开始低头想给我开什么药。她对我说"最强的止泻药都用过了，没有止泄药可用了。怎么办？" 她站了起来，走到另一个男医生面前，和他讨论我的情况。那位男医生说："唯一的办法就是停止肠蠕动。使用停止肠蠕动的药吧！因为她肠胃不工作，口服起不到作用，只能马上打点滴。"

女医生开了药对我说："拿了药方后，马上去药房取药。然后到旁边的护士室输液。"

已是冬日的北京，北京三院门诊部的大门敞着。走廊里，冷风直灌。我慢慢地，用自己的全部力量走着。取了药和两瓶生理食盐水，一手拿着一个大玻璃瓶慢慢地蹭到了护士室。在走的过程中，我有几次都有一种再也走不动，要坐到地上的感觉。

还好，护士室很空。我走了进去，把医生的处方给了护士，用几乎只有自己才能听到的声音对护士说，"这是处方。"

护士看了处方，问我："病人呢？要输液的病人呢"？

我看着她，张了张嘴，说："我就是"。

"你"？她睁大了眼睛，"病成这样，还自己取药？"

我没有回答，我没有话，也没有力气来回答。我心里非常明白，如果我今天死了，也只是我自己，只可怜好心的表姐会是束手无策。

护士接着说：“这种药会产生严重的过敏。输液时，必须得有人陪着。只要看到身体出现红斑或其他症状的过敏反应，就得马上报告，我们马上停止输液。”

这叫我怎么办？我如果不输液，继续腹泻会使我彻底脱水，后果不堪设想。我恳求她让我一个人输液。护士开始不同意，她说太危险。看着我已经站不住的样子，也明白我确实没有任何家属陪伴，她说，

"我给你在我们的门外走廊里放一把椅子，你在椅子上输液，如果你看到任何红斑，或不正常的感觉，马上大声叫我。"

"好吧。"我说。

嗖嗖的冷风从医院的走廊穿过，我手脚冰凉，浑身发抖。我靠在椅子上，看着液体一滴一滴地流着。此时，我想到表姐，不知道表姐肚子还痛不痛。表姐真的是如我的亲姐妹，与我同甘苦，帮了我的大忙。想到表姐，心里一阵温暖。此时，我又想到鞍钢，鞍钢去法国已经一个多月了，他没有来电话，也没有信件。我想，鞍钢也许已经结束在法国的旅行，也许到香港了。多么希望鞍钢能早些回来啊！

大约输了有半个小时的液，我看到裸露的右臂上出现了一块块红色的斑点。我对药物过敏了！我从未对药物有过过敏现象，今天轮到了我！没有办法，我用尽全身力气，用自己的最大声音喊护士。

"你看，是不是会过敏？护士说着，拿掉了装有停止肠蠕动的吊瓶，说："你把剩下的那瓶生理食盐水输完，防止脱水。"护士看到我在哆嗦，问我："你没有别的衣服了？"

因为输液，我的右臂要露在外面。这位好心的护士帮我把大衣整理了一下，尽量盖到所有不扎针的部位。

输完液，回到家，我用钥匙开门，听到里面一阵脚步，表姐把门打开了。"表姐，你好点儿吗？"

"王倩啊"！表姐声音比我的大而且高：" 鞍钢来电话了！"

我明白表姐为什么这么激动，是啊，我和表姐都病得这么厉害，每天过得如此艰难无助。鞍钢来电话就给了我们希望啊！

"是吗？"我睁大眼睛，心里好高兴，心想："鞍钢能快点回来吗？"

"我和鞍钢说"，表姐接着大声说，"王倩在生病呢！王倩吃不下饭，在医院打吊针呢！"

"那他说什么？" 我问，

"我又说，"小琪表姐没有回答我，继续说："你赶紧回来啊！"

"那他说什么？" 我又问，"他说"，小琪表姐脸沉了下来，看着我说："按期返回。"

"表姐，谢谢你告诉鞍钢我在生病，你和他说你也病了吗？"

"没有。"

"你肚子还痛吗"？进门就憋着这句话，终于问了表姐。

"好了，不痛了"。谢天谢地，表姐我们两人中，总算有一个不生病了。

"鞍钢知道我在医院输液都不肯提前回来"，我对表姐说，"我不明白鞍钢为什么这样对我，我到死也不明白为什么鞍钢这样对待我。"

我继续每天去医院输液。鞍钢终于回来了。鞍钢回来后，陪我去输了一次液。

2.6 小琪表姐的故事

小琪表姐要回去了,更确切地说,要回湖北农村的家去了。与小琪表姐相处的四个月中,使我们两人成了贴心的姐妹。临行前,陪小琪表姐去商场给她家人都准备了礼物。

帮表姐买完东西,和表姐闲聊着开车回家。突然,表姐说:"王倩,就是将来鞍钢你们俩人离了婚,我和你也还是姐妹。"

我听了,一愣,说:"表姐,你怎么会说出这样的话来?我怎么能和鞍钢离婚呢?"

表姐说:"王倩,你和他们家不是一种人。你的心太好。"

表姐临行的前一天晚上,我又再一次检查表姐的行李,发现她没有把钱放在第二天要穿的衣服贴身处。我问表姐把钱放在那里了,表姐不说。我在她的房间里找了一遍,发现她把钱放回了枕头下。

"表姐,怎么钱在这儿。"我指着枕头下的钱,

"王倩,这么多的钱,你还真的要给我"?

"当然是给你的。"

我也确实不放心表姐把钱放在口袋里。我取出了针线,把钱用布缝死在表姐要穿的贴身背心腰部。

这时,表姐说:"王倩,你还真的要给我这么多的钱?"

表姐太善良,太真诚。一生在农村非常艰苦。我给她这么一点钱都觉得太多,不肯拿,这样真诚,本分的人是多么难能可贵啊!

表姐是鞍钢三姨的女儿。三姨当年与本村的三姨夫包办结婚。三姨的婆婆非常喜爱这个勤劳,孝顺的儿媳。三姨夫是国民党军人。在 1949 年之前,三姨夫跟随国民党去了台湾。临走时没有通知自己的母亲和妻子,也许是他因为不满包办婚姻的一种表现吧!

共产党来到小琪表姐的村庄打土豪，分田地。因为小琪表姐的父亲在台湾，她的母亲自然是被整肃对象。一天，工作队叫小琪表姐的母亲去工作组，名义上是批斗，实则是轮奸了她。

共产党就是一帮地痞流氓加土匪。

小琪表姐的母亲从工作队回来的当晚就上吊自杀了。小琪表姐当时只有两岁。小琪表姐的奶奶承受不了自己心爱的儿媳被侮辱又自杀的现实，精神失常。不久去世。小琪表姐成了孤儿。

这么凄惨，灭绝人性的事情并不是孤立事件。共产党的罪恶罄竹难书。

当小琪表姐和我叙述她年幼时的遭遇时，我的心紧紧地缩着。小琪表姐对我说："等我长大了点儿，会写字的时候，我给小姨（鞍钢的母亲）写了多少信，请小姨和姨夫帮帮我出来，他们都没有理过我。"

我当时没有评论，因为当时我如果评论，就等于说我自己婆婆的坏话。鞍钢家兄弟四人，他母亲生了这么多男孩，一直是想要个女孩儿。但是，他们并不肯把小琪表姐办出来。今天，我可以说，共产党人只讲党性不讲人性，一个人生目标就是要往上爬的中共官员，怎么能把有海外敌对关系的亲属接到身边呢？

小琪表姐只读到小学毕业。随后一直在农村干活。她很早就结了婚，有了孩子。在北京的时候，她已经有两个孙女了。

为了来北京帮我，小琪表姐放下所有家务。每当想起这些，我心里就过意不去。

2.7 "小姐好漂亮,你妈像个老母猪"

当儿子三,四个月大时,长得四方大脸,好结实。鞍钢回家后,会抱抱儿子。看着儿子长得好,一天,鞍钢抱起儿子大声说:

"儿子是自己的好哎,老婆是人家的好啊!"

当时,在一旁做家务的我听到鞍钢说的话,也没有往心里去。以为他只是说自己儿子好,而带出来的顺口溜。在接下来的日子里,鞍钢只要抱儿子,就会重复地说:"儿子自己的好,老婆是人家的好。"鞍钢不仅说这句话,还要加上一句:

"给我敬酒的小姐真漂亮,看看你妈胖得就像老母猪啊!"

我听到鞍钢说了好几次,没有搭理他。也不知道鞍钢说了多少遍类似的话后,那天,鞍钢又在得意洋洋地说:"老婆是别人的好"时,我用轻松的口气回了一句:"老婆真是别人家的好吗?别人家的老婆会养着你吗,别人家老婆会给你在外面挣着钱,回家还亲手给你做饭吃,把家里所有重活儿,脏活,苦活都揽着吗?"

鞍钢瞬间没有了声音。

今天回想起来,我当时没有任何中国官场腐败的概念。90年代中期,是中央政府主张缩小地区差距,在大西北地区扶贫的年代。鞍钢被派到西北各省去调研,然后给中央写报告。西北各省为了让自己的贫困地区得到鞍钢的肯首,被鞍钢写进报告,鞍钢所到之处都是部长级待遇。省长亲自宴请他,席间会说各种让人感到肉麻,但能使鞍钢得意与飘飘然的奉承话。还会献上美貌的小姐敬酒或者是我根本想不到的事情。看来鞍钢非常吃那一套,从而也就不把自己的妻子当人看了,才会在家里用不尊重的语言嘲笑我。

在沉默了几天后一天,鞍钢抱起儿子,和儿子聊天。只听他问道:

"你长大有能耐啊?"

鞍钢的声音中带着一种嘲讽。三个多月大的儿子睁着大眼看着他老爹。

"你再有能耐，能有你爸能耐？"

鞍钢大声地问儿子，声调带着瞧不起与嘲讽。三个月大的儿子还是傻傻地看着他老爹。

鞍钢之前嘲笑我，我倒没生气。这次听到鞍钢嘲笑儿子，我顿时很气愤。我首先想到的是，做为父母，我们都爱孩子，我们都希望青出于蓝而胜于蓝，希望孩子超过我们自己。为什么鞍钢会有瞧不起自己儿子的语言？是什么力量使鞍钢连自己的儿子都瞧不起？一个人要飘飘然到何种地步，才会连自己的孩子都要贬低？

儿子四。五个月大时，鞍钢拿回一本他刚刚出版的书。他非常得意非凡地说：

"看！这就和儿子似的！"

我理解写出一本书要付出的经历与辛苦。但对我来说，书是劳动成果，是一种工作的结束。而儿子，是生命的开始，是爱的旅程的起步，是父母对人生的学习与认知的旅程。书没有生命，儿子是生命。我永远不可能认为一本书可以代替儿子。

写一本书是一年或几年的工作，抚养儿子是每时每刻的爱的付出。一个人可以为了名望花几年时间出几本书，一个人也可以选择整个人生为自己的子女付出爱，默默无闻地做一名慈父。有人会两者兼顾。在做单身母亲的岁月里，我放弃了事业上的迁升机会，尽力为儿子打造了一个稳定，有安全感的成长环境。我宁可不出书，也要做一名称职的母亲。

书是有价值的，爱是无价的。因为人是有灵魂的生物，所以人生中，只有无价的才是最可贵的。

一晃二十多年过去了。鞍钢出了许多本书。但他不愿，也没有为自己的儿子花一分钟的时间来帮助儿子成长。

一个只对自己名利负责，连对自己儿子都不肯负责的人，谈何对国家，对人民负责！

今天，我也在写书。每天写一千字，一本书三到四个月就可以写完。出一本书确实需要时间与精力，但是，这与亲情至深的儿子怎可相提并论？？？！

当和儿子在快餐店吃饭，看到我需要餐巾纸，儿子马上站起身来，走去拿来餐巾纸，放在我的手上；我感动的热泪盈眶。几年前我肠粘连导致肠绞痛，被送往急诊室。刚从学校回来的儿子，连口气都没有来得及喘一口，奔到急诊室，守护了我一整夜。

把书比做儿子是多么无知，多么不懂得人性与亲情，是多么不懂得人类的情感世界！

把书比做儿子，只是表现出一个人对名利的追求和被名利所捆绑。此人在世上除了名利之外，无视他物。可悲的内心残缺之人！

2.8 婆婆的再一次辱骂

抑郁症每天都在折磨我，加上极端缺钙和劳累，我全身每个骨缝只要一动就会剧烈疼痛。疼痛使我无法正常行动。坐下后，疼痛使我无法站起来。克服疼痛站起来后，每一节骨头的剧痛，又使我无法再坐下。

表姐回家了，我在工作和孩子之间精疲力竭，鞍钢仍是什么也不管，什么也不问。我们娘俩的生死似乎与他无关。

有时大学的同学，朋友会来电话问候。因为自己的病痛和得不到丈夫的关爱，我一次次在电话里失声痛哭。鞍钢每次听到我在电话里痛哭，他任凭我从头哭到尾，从来不问为什么。我的痛苦看来与他无关。我一次次对自己，对朋友说："我到死也不明白，为什么鞍钢这样对待我。"

我曾是个非常坚强的人，可那段时间却常常哭泣。疼痛每时每刻都在折磨着我，自杀的念头一次次向我袭来。我心里非常明白，我一定要活下去。我不能死，我一定要尽到一个母亲的责任。

一日，鞍钢的父亲工作路过生态中心，就顺便停下车，他先去见了鞍钢，然后又和鞍钢一起回家来看一看孙子。我也很高兴见到鞍钢的父亲。鞍钢的父亲看到孙子长得好壮，就问我："王倩，你给他吃什么"？我说，"就是奶，没有别的。"

随着聊天，我当着鞍钢的面，对他父亲提到鞍钢什么都不管，不做，也不帮忙，还一天到晚指责我帮不了他。我也谈到我的身体状况。并提到，鞍钢对我的身体与精神状况不闻不问。鞍钢的父亲和颜悦色地听了我的话，没有任何表情也没有任何话语。

第二天，鞍钢的母亲来电话，叫我到她那里去一次，说是有要事。

我工作的地方在长安街赛特，家在北京的西北角双清路。鞍钢的父母家在长安街西侧公主坟附近的国家科委宿舍楼。这三地是三个大调角。但是长安街上的堵车是开到鞍钢父母家最头痛的事。

因为婆婆叫我，我不知会有何等重要的事，第二天下班后，开车去了婆婆的住处。

一进门，婆婆大声地说："哎呀，王倩，你得知道我退了休比上班时还忙。今天要和这个见面，明天要和那个见面。我根本就没时间帮忙带孙子。"

鞍钢的母亲早已退休。 她在家里根本没有任何事情。我早就听到老二妻子说过，她当年生子时，鞍钢母亲因不肯帮忙而编出来的种种谎话。今天听她这么讲，真的是不足为奇。

其实，鞍钢的母亲真的是用不到撒谎。我是个自立的人，我从来也没有指望过鞍钢的母亲帮我做什么。

面对鞍钢母亲张嘴就撒谎的行为，我常常问自己，一个人为什么不觉得羞耻，要撒谎呢？真诚一些不好吗？

在我自己的成长环境中，说谎绝对是不能容忍的。 我的父母从小教育我们，诚实是做人最重要的道德品质。只有诚实守信的人才能被信任。

成年的我从心里厌恶说谎的人。鞍钢的母亲不仅今天在撒谎，平时也撒谎。如果一个人在父母经常说谎的环境中长大，这个人是否对说谎也是习以为常？是否认为诚实不重要？

当我们今天读到鞍钢所写的"中国经济实力超过美国"，"人民社会优于公民社会" 或是在课堂上大肆讲解习近平思想时，我们都知道鞍钢说的是谎言。鞍钢本人也非常清楚他自己在说谎。我们不难看到其母亲撒谎品质对鞍钢的深远影响。

遗憾的是，我与鞍钢相遇在物质生活贫乏，道德品质控制严格的年代里， 我们的共同追求建立在了理想，志向和国家命运之上。根本没有预期看到在物质，道德品质堕落的社会环境下，以及在名利的驱使下，两个人所持有的水火不相容的世界观。

我问鞍钢母亲："你说有急事，什么急事？"

鞍钢的母亲转成一脸正色，说："你有什么理由说鞍钢不干活？"

天啊，原来是我前一天把鞍钢父亲当作亲人，诉说了我的痛苦之后，给我自己找的麻烦。我说："我昨天和爸爸说了鞍钢的行为。因为我认为养育儿女是夫妻双方共同的责任。我的身体已经垮了。鞍钢就是不帮我，而且连一句安慰的话都没有，我不明白。"

说完，我又加了一句，"我周围的人，见到我都说，王倩，你累得人都不成形了。我不明白为什么鞍钢对我和孩子不管不问。"

"你听着"！婆婆吼了一声。我没有料到，一愣，冷静地看着她。

"你听着！"她又重复了一遍，"家里的活都是你的！你把活都干了咱俩没事。你不准叫鞍钢干任何活！你听清楚了！"

我内心火了。但我像以往一样，不回嘴。我心里真想说："你有什么权利干涉我和鞍钢的生活？"我这句话还没想完，鞍钢的母亲又来了一句：

"不准你连累我儿子！"

这句话，鞍钢的母亲不是第一次说了。以往，我做过大手术之后，鞍钢的母亲都这样教训过我。

但是，今天的情况不同。因为此时，不再是我一人，而是有才出生三个多月的儿子。这就是一个做奶奶的说出的话，把父亲照顾儿子视为"连累"；把丈夫关心产后的妻子称为"连累"。

怪不得鞍钢什么也不管呢，原来，是他爸他妈教的。把夫妻共同抚育子女视为累赘。鞍钢的父亲昨天当着我的面什么都没说，他只不过只想让鞍钢的母亲做恶人，他自己做好人。但在内心深处，他们等同，只不过鞍钢的父亲更狡猾，笑里藏刀。

从与鞍钢恋爱的那一时刻起，不管鞍钢的母亲如何不讲理，为了鞍钢，我都不回话。这次即使鞍钢对我如此不好，我还是压下自己的火，不说话。

"你还有别的事吗？ 没有我走了。"我说。

我站起身来，没有再看她一眼，径直走出了鞍钢的父母家。我想，虽然我没有说话，鞍钢的母亲察觉的到我内心的愤怒。

回家沿着西三环路开着车，一路很堵。我心里很气愤，脑子里一直翻腾着鞍钢母亲的话。此时我明白了，为什么鞍钢不帮我。鞍钢的父亲昨天听了我的诉说，告知了鞍钢的母亲。他们不但不同情我，还要与他母亲联手反过来指责我。

这是明摆着在干涉我们的家庭生活。他们要强制鞍钢追求名利，弃我和孩子于不顾。

二弟妹的话又出现在了我的脑海里："姐姐， 我们怎么这么没有记性？每当他妈妈骂我，我就对自己说， "我再也不去他们家了！" 可是过了几天又忘了，又去，又被骂得狗血喷头。又下决心再也不去了……因为是他妈， 我们没有办法……"

我和二弟妹一样，没长一点儿记性。我怎么就没有想到鞍钢的母亲是要专门叫我去她家，然后骂我呢？

父母给了我独立的意志，也培养了我做事的能力。我不指望鞍钢的父母体力上的帮助。可是，他们自己退休在家没事干，为了骂我，反而要我去他家，凭空给我添麻烦。见到我，连一句你累不累，或者说，你把所有活都干了，让鞍钢这么轻松， 我们谢谢你，反而进一步恶语骂我。为什么这么不讲理啊！

我是个极其能吃苦的人，我都没有指望自己的丈夫帮我，只希望鞍钢给我一句安慰的话，我要求的过分吗？我错在哪里？ 有一点我无法明白的是，以前鞍钢永远说他的母亲不好，不讲道理，可为什么现在，鞍钢要听信他的父母呢？

今天，我们可以从孝顺，亲情，专制，人权，既中国的传统文化与社会的专制来分析鞍钢母亲的言行。

中国的传统讲对父母孝顺。既然是顺，就是说，即使父母做了不道德，不讲道理的事，儿女不但不能评论，而且要服从。因为正义得不到不伸张，从而就是没有公平与正义。我认为，孝顺是中国封建传统的守旧文化。老年人定出的不讲理的传统，中华儿女们五千年来代代帮助巩固。这就自然而然地形成了中国几千年来的封建家长式的专横，不讲理。中国孝顺应该是建立在父辈与儿孙相互尊重的基础之上。像胡鞍钢家的这种孝顺就等于是在鼓励老一代耍泼不讲理。

西方文化强调亲情，平等与公正。亲情本身就是爱。夫妻之间，父母子女之间，兄弟姐妹之间的博爱，相互平等与相互尊重是家庭存在的基础，是家庭幸福的所在，是"家"字的真正含义。同时，家庭内部也实行平等与公正，家庭成员不仅自律，而且相互尊重，公平正义地处理日常事务，从而使家庭生活幸福。就不会有像胡鞍钢母亲那种自身不讲道理，欺压儿媳的做派发生。

此外，中国的传统家长制对下一代有强烈的控制欲，也就是专制。父母要求他们的子女按照老一代人的理念生活。我也看到，已是中年的鞍钢还没有在人格上独立，还要按照他父母的意志生活。当然，这里面包含着意义非凡的"自私"与"亲情"四个字。鞍钢的父母对儿媳没有亲情，教导他们的儿子自私地只顾自己。他们在干涉、破坏儿女的家庭生活和家庭幸福。

此外，鞍钢的父母是两个名利熏心至极的人。他们对自己一生达到的名利还不满足，还要在儿子身上继续实现。他们怂恿控制他们的儿子只顾自己，罔顾家人。全力以赴朝名利进军。所以，对鞍钢来说连亲生的儿子都会是累赘。我如果不能给鞍钢带来笑脸，帮他更出名，自然也成了累赘。即所谓"连累他。"

今天回想当时的情形。鞍钢那时能够听进他父母的话，说明他的内心与其父母产生了共鸣。名利让他开心兴奋，我和孩子使他感到厌恶、麻烦、占他的时间，让他讨厌。

到家已经很晚了。进了家门，看见鞍钢坐在沙发上看电视。鞍钢看到我进来，没说话。

我对鞍钢说："鞍钢，你妈今天把我叫到她那儿，就为了无中生有骂我。"

鞍钢连头都没有动一动，仍然看他的电视。我看鞍钢无动于衷，就走近鞍钢，

"鞍钢，你妈今天又骂我了。"我提高了声音，再次说。

"那你就替我忍着。"鞍钢开口了。语气强硬，没有余地。

"为什么？"我问，"如果我父亲没有道理地指责你，我能要求你替我忍着吗？我当时就会跟我爸讲清楚，我绝不允许我爸伤害你。"我不明白，我想明白。

"我说了，你替我忍着！"鞍钢转过身去，背对着我。那动作就是在告诉我，我没有别的再和你说的。

"对，我在你妈面前什么都没有说，替你忍了。难道回来和你说都不行？"我还是问，

鞍钢不理我。

为什么鞍钢会这样？为什么？我不明白。

我自己的母亲早逝，原以为，鞍钢的母亲也会是像小时周围家庭的妈妈们一样，有教养，知书达理，和蔼，充满爱心。与鞍钢的母亲接触了这么多年，鞍钢的母亲，用我父亲的定义，是一名名副其实的，没有教养的下流鬼。

到此，我才明白，鞍钢的父母说服了鞍钢，要置我于无人搭理，活活累死的地步。他们没有一个人可怜我，心痛我，或者肯帮助我。

我泪眼问苍天为什么，没有人能回答我。

孩子只有三个多月大，我必须为孩子活下去。我没有权利去死。

我怎么办？自杀的念头缠着我，浑身的疼痛使我无法入睡，心中的气愤也使我无法入睡。我不明白鞍钢为甚么这样对我，但我明白，我必须活下去，我没有理由、也没有权利去死。

要活下去，可我怎么才能活下去？

我爱鞍钢，当时的我只认为是鞍钢的母亲从中挑唆，作梗。我相信，只要远离鞍钢的母亲，我们还会很幸福。

这时，我想到那张压在我的抽屉里快一年的签证申请。自从回国后，美国总公司的工程部和我说了几次，要我回去。我都告诉他们说，我不回去。在我怀孕初期，一位美国同事出差来中国，把我怀孕的消息带回了总部。总部的同事们又说："王倩，你来美国生孩子，生完了就自然是美国人。" 我回答总部说："我不回去。我的家在这里，我先生在这里。"

总部的工程部又在开始一个新机型的设计项目，总部再三要我回去参加设计。虽然我说了不回去，总部还是把签证申请给我寄了过来。用他们的原话说："我们需要工程师。"

收到签证申请，我随手把它仍到了抽屉角里。我根本就没有再回美国的想法，因为鞍钢是我的全部。将来孩子长大，他应该也有像我一样的能力来决定自己在何处生活，无需我为他准备。

想了一夜，我决定回美国工作一段时间，并要求鞍钢与我同去，这样，我们可在没有他父母的干涉下快乐地生活一段时间，增加沟通，增进感情。

第二天一早，我对鞍钢说："鞍钢，我们谈一谈好吧。"

"我没时间,我得走。" 鞍钢还是那不屑一顾的态度。他还是不想对我谈,把我置于无援无助的地步。但是,此时的我,已拿定主意。我说:"鞍钢, 请你听完我说的话再走。"

我上前一步,站在鞍钢的面前,堵住了他的路。

"这么久了,我想与你沟通,你就是不理我。我一直在恳求你,不要这样对我;我一直在恳求你,给我一份关爱。我熬干了自己,只求你能健康,让你有时间做你要做的事。我劳累到这样的地步,你母亲还要骂我。我不求你去和你母亲顶撞,可你连一句:'王倩, 别生气'的安慰话都不肯说。我不明白,我到底做错了什么。"

我声音哽咽,但我还是接着说:"孩子这么小,他没有生存能力。我的身体已经垮了。如果我们不携手抚育孩子,一旦一个人发生意外,我不知道孩子如何生存下去。"

我接着说:"我必须活下去,我不能死。但如果我继续在这里,你和你母亲都在往死路上逼我。所以我决定回美国去工作一段时间。希望你能和我一起去。这样,我们可以增进沟通,像92,93年在美国那样相亲相爱;我们也可以共同承担抚育孩子的责任。"

我看得出,鞍钢有些惊讶。

我问鞍钢:"你觉得过去这一年对我好吗?"

我等待鞍钢回答。

如果鞍钢当时还能说一句:"王倩,对不起,我不应该那样对待你。" 我会重新考虑。

但鞍钢什么都没说,转身走了。

他不内疚。

我两眼跟随着他的背影，心里万分痛楚。我张了张口，也没再说什么。

那一刻，我明白，我们的心不再相通。

2.9 "你走了，你把孩子也带走了，我真高兴！"

二月份的一天，我去美国住北京大使馆去申请签证。

北京的二月在我的印象里永远是阴沉沉的天，加之刺骨的冷风。那段时间签证极难。大使馆前的等待签证的队伍只有十几个人。我没有在队伍里等多久就进了签证厅。与我交谈的是一位近五十岁的白人男性。他先低头读了公司为我准备的申请材料，然后抬起头，他第一句不问我："你去美国干什么？"反而问我："你为什么回来"？既我为什么几年前回到中国。

"我的家在这里，我先生在这里。" 我平静地说，此时我明白了他为什么问我这个问题，有些人回到中国，再次申请去美国时，是为了改变签证种类，比如从 J-1 签证换成 B-1 签证，这样第二次到了美国后，可找工作，申请有永久居留。

此时，这位签证官开始逐页翻看我的护照。他的眼睛瞬间停留在一页护照上。过了几秒钟的时间后，他问："你有在欧洲的永久居留权？"

"是的"，我说，"我曾有过，但我已经放弃了。"

他的脸上掠过一丝惊讶，但他很快就把那个表情压了下去。也许，在那个年代，在他的认知范围内，中国人都是想方设法拿到国外居留，可能还没有听到有谁拿到了国外的居留权后，还要主动放弃的吧！

对于在何处生活，我赞同老布什总统说的一句话，"一个人不能选择在何处出生，但他有权利选择在何处生活。"我深信，我有能力为自己做选择。我也已经为自己做了选择。

也许是我那平静，自信的神态得到了他内心的赞同，他再也没有问我问题，迅速地在文件上签名，在我和儿子的护照上盖章，然后把护照交还给了我。他面带微笑说："祝你旅途愉快。"

他的微笑使我内心感到温暖。他的微笑使我想到我所有的那些美国同事,意大利同事。想起在国外,人与人之间的真诚,友情。我多么希望这微笑是鞍钢给我的啊!我更多么希望婆婆能够给我一个微笑啊!

我顺利拿到了签证。走出使馆大门。一位年轻姑娘从后面追到我面前,睁大眼睛问我:"你签到了?"

"对。"我点点头,

"什么签证"?她又问,

"L1。"我回答说。

她睁大眼睛,愣愣地看着我。在那个年代,她可能还没有听说过"L1"签证。

临行的前一天,鞍钢的父母来了。说是要临别看看孙子。

当我走进睡房拿东西时,一回头,惊见鞍钢的母亲紧贴我的身后站着。原来她是跟在我后面。她的脸离我不到一尺。那脸上,充满了得意,专横和嘲讽:

"这回,你走了,把孩子也带走了,我真高兴!"她带着仇恨又有解气的口吻说。

面对着那张不怀好意而又张狂的脸,我的心在颤抖。我问自己:"天下什么样的母亲,会如此去存心拆散自己儿子的家庭啊!"话就在我嘴边。我咬着自己的嘴唇没有让自己说出来。

我非常清楚。和她,一个心地邪恶的人,我是永远讲不出道理的。像以往一样,我没有说话。

当时的我只有一个信念。"你们要逼死我,我一定要活下去,为了儿子活下去。"

直至今天，二十多年过去了，鞍钢母亲说话的声音与表情还活生生地呈现在我眼前。鞍钢的母亲作为一个女人，她亲身经历了生孩子与抚养孩子成人的过程，她非常清楚一个女人此时的艰辛。她选择这种时候如此对待我，就是要在心里给我造成最大的伤害。

鞍钢的母亲终于把我逼走了，她达到了目的。

我於1996年3月30日带着几个月大的儿子，从北京飞往洛杉矶中转，然后到达公司所在地。

与鞍钢说好，他一个月以后来美国与我汇合。

在我的生活中，鞍钢最重要。过后，我向鞍钢说起他母亲的这些话，我说："鞍钢，你妈要拆散我们，天下怎么会有这样的母亲啊！"

我没有想到是，鞍钢不但没有同情我，反而仇恨地盯着我说：

"不准你说我妈的坏话！"

鞍钢变了，鞍钢彻底变了。我再也无法与鞍钢沟通。

为什么？当时的我不明白，当时的我反复说："我到死都不明白鞍钢为什么这样对我。"

到了美国两个星期左右，鞍钢从北京打电话来首次和我提出离婚。我当时没有当真。因为我当时根本没有想到鞍钢对婚姻的背叛和其父母在背后对鞍钢朝名利方向疯狂地推动。

第二章完稿于 2018年4月6日

第三章 我曾经的公公婆婆

我自己的母亲在我 19 岁时去世。当我第一次见到鞍钢的母亲，我想，"我又有一个妈妈了！我会像对待自己的父母亲那样对待鞍钢的父母，给他们做好吃的饭菜，关心照顾他们。"

可是，人生并不是像我想像的那么充满爱。

在一个专制的社会里，有了权力就意味着有了一切。权利可以走后门，拿到别人得不到的好工作，得到银行贷款，批到地皮，盖楼，发财。

可是对于绝大多数人的普通中国人来说，他们没有社会关系，没有后门。尤其在文革后期，上个世纪的八十年代，成千上万名普通家庭的知识青年没有办法回城。因为他们的父母都是普通人，从而办不成回城户口，找不到城里的工作。

正是这种专制制度的存在，年青人不可能通过自己的能力在社会中奋斗出自己应有的地位。

我自己的父母，是靠自己能力吃饭而又没有权力的人。他们以身作则，告诉我要靠自己奋斗出人生。父母的教诲深深地留在我的思想里和行动中。我把依靠别人看成是耻辱。

鞍钢父母，尤其是鞍钢的母亲，即认为我的工作和进北京是他们的恩赐。从而认为我应该感恩，唯命是从。更确切地说就是自愿在他们面前做一个唯唯诺诺的二等公民。鞍钢的父母不能理解的是，天赋人权，每个人都是平等的。我是一个自立之人。我的目标是要靠自己考上出国研究生，学到本领报效祖国。就是把我分配到天涯海角，我的理想与生活目标都不会改变，我会照样考出国研究生，所以工作分不分到北京对我来说并不重要。

如果我是个没有理想与奋斗精神的人，我就会唯命是从。顺从鞍钢父母的意愿，为他们生个孙子，每日伺候鞍钢，这场婚姻可能不会出现裂痕。

可是，考上公费出国留学生是我在不到八岁时就树立的信念。我绝对不会放弃。正是一个倔强的，有智慧也有能力的女性对理想的执著追求对抗了无能与嫉妒成性的专制家长，才是我和鞍钢婚姻悲剧的起始点。

3.1 "我们家里不留你这个金凤凰!"

一九八二年二月,大学毕业的我,被分配到中国科技信息所。在要求到工作单位报到前的周末,我坐火车从唐山来到北京。

二月,是北方最冷的日子。记得当时,我把自己的最厚的棉衣,大衣全都穿上,来到北京。

当时,鞍钢在北京钢铁学院读硕士学位。鞍钢是在大学毕业前报考并考取了研究生。

由于自己在大三时得了严重的风湿性关节炎,瘫痪了三个月;直至大学毕业,身体还在恢复阶段,所以我没有在毕业那一年报考研究生。

到北京那一天是星期六。因为要等到星期一才能去单位,我没有地方去,只有住到鞍钢家。鞍钢来车站接我。见到我,对我说:"王倩,如果我父母要求你把户口迁到我家,你千万不要同意。你就说你要把户口放在单位里。"

一九八二年是改革开放初期,也是住房改革的开始。国有工作单位会根据每个职工家庭人口数量分配住房。人口多的家庭,自然分到面积大、房间多的房子。我当时不清楚如果鞍钢的父母加上我的户口能够多分多少房子,我不是不愿意帮助鞍钢的父母,但是我肯定希望能与鞍钢一起独立生活。更进一步说,我得听鞍钢的意见,既然鞍钢要我不把户口留在他的父母家,我当然要按照鞍钢所说的去做了。此外,我的户口放在哪里,应该是我自己的权力和决定。

今天,重新来分析这件事,说明鞍钢与他们的父母已经商讨过这件事。关键是,一个尊重儿女的父母不会提这种要求。面对鞍钢的父母的过分要求,鞍钢也不愿意去得罪他的父母,反而叫我来回答,让我做恶人。

鞍钢父母的家当时在百万庄,是冶金部的家属宿舍楼。那是一套两个房间,加一个厕所和一间厨房的单元房。

我到了的那天晚上，鞍钢的小弟和他父亲住在里屋，我和鞍钢的母亲住在外屋。

　　那是两间水泥地面的极普通的两间房子。家具都是当年那种公家的家具。外屋一张大的平板双人床，一个饭桌，一个半人高的柜子。里屋一张同样的大床，一张写字台，一个五屉柜。这一切和我长大的环境，和我童年同学朋友家的环境是天壤之别。最主要的，是家中的脏乱，表现出女主人的懒惰与无品味。

　　那天躺下后，鞍钢的母亲对我说："王倩，鞍钢父亲的单位在公主坟附近的房子快要盖完了，他们单位马上要分房子了。你把你的户口留在我们这里，这样我们就能够多分房子。"

　　"我要是把户口留在这里，单位就不会分给我职工宿舍，我就必须住到这里来。从公主坟到和平里，我每天上下班坐公共汽车得三、四个小时。"我说。

　　"三个小时怎么了？北京有多少人上下班从东头跑到西头？"鞍钢的母亲说。

　　我是个极其珍惜时间的人。这种对时间的珍惜，可以说是分秒必争，从十五岁开始就是天天如此。我是无论如何也不可能每天浪费三个小时在路上。我已经在开始准备考研究生。那三个小时，我可以做完一章数学题，我可以读完一篇英文，我可以背几十个英文单词。

　　"伯母"，我说，"我真的没法把户口迁到你家。我刚开始工作，并希望把工作做好，我希望能在办公室里多呆一些时间。"

　　"你不把户口迁过来就给我滚出去！"

　　一声吼叫从我耳边响起，我没有想到，也没有防备。

　　这是对我人格的侮辱。

我愣了，我没有想到鞍钢的母亲会是如此粗鲁与不讲道理，会是如此不尊重他人，像泼妇一般吼叫。从小到大，我在知识分子家庭长大，在极有教养的西山路上长大，从未听到过同学的父母这样讲话，更没有人曾对我如此不尊重与无礼。

我对自己的父母感激，其中很重要的一点。是他们培养了我强烈的对与错的概念。不讲道理的事情我不做。正是父母对我的教育，和我自己对自己的严格要求。我受到周围人的尊敬。大家都知道我是一个积极向上，有礼貌，有优秀道德品质的人。正因为我不侵犯别人的利益，也从未有人如此无理地来对待我。

我问自己："我说错话没有"？"我有否无理"？"没有。"我清楚地回答自己。"鞍钢的母亲为什么会这样对我说话"？我问自己，

因为我没有母亲？因我没有在政府当官的家庭背景？我在脑子里寻找答案。我没有告诉鞍钢的母亲，鞍钢也要求我不要把户口放在他家。我想如果我说了，鞍钢的母亲会很难过，会认为自己的儿子背叛了自己。

鞍钢的母亲见我没有说话，又狠狠地带着威胁的声音说了一句：

"你把户口迁来还是不迁来？"

真的是太不讲道理了，我有起码的做人的权利，来决定我自己的户口放在哪里。鞍钢的母亲也许认为在她的威胁下，而且鞍钢的父亲就在里屋听得见我们说话，我会胆怯，屈服。她没有想到的是，我不是一个被人按着头就会顺势低头的人。你若想把我的头按下，我就一定要把头抬起来。

但是，我爱鞍钢。如果对我这样讲话的不是鞍钢的母亲，我会马上对她说："休要放肆！你看错了人！我根本不吃你那一套！"但是，他是鞍钢的母亲，我就是非常生气，在当时我还是得忍着。

我以沉默代替说话，以减少对抗。

几分钟过去了，我继续沉默。鞍钢的母亲并不理解我是在避免冲突，她还是继续向我施压把户口迁过来。我就是不做声。因为得不到我的回答，鞍钢的母亲更火了。

"你要是不把户口迁过来，就滚出去！我们家里不留你这个金凤凰！"

我再也想不到鞍钢的母亲会说出这种侮辱人格的话来。我在良好的人家长大。我经过惨无人道的文革，我当过臭老九的狗崽子，我做过农村，工厂的苦力，但我还没有被人如此当面用语言侮辱过人格。

我真想告诉鞍钢的母亲，不要如此放肆，但是我没有说。因为我爱鞍钢，我不想让鞍钢为难。

今天回想起来，我本应该当时就给她一个下马威。就是应该直接告诉她休要放肆。

但是，我也不能无故接受这种侮辱。我没有再讲话，从床上爬起，穿上衣服，坐到了饭桌边的椅子上。那时大约是晚上十一点的光景。我看看外面，漆黑一片。我真想走出去，离开这个让我窒息，又不把我当人看的地方。可是，外面是零下摄氏十几度。半夜独自留在外面也不安全，我没法出去。但是，我绝不回到床上去和那个侮辱我人格的人躺在一起。

任凭鞍钢的母亲怎样说难听的话，我就是不张嘴，以沉默表示抗议。

我一直沉默地坐到早上五点。

二月的北京，早上五点仍然漆黑一片。那天是星期天，所有商店都不开门。但是，我要想尽办法离开这里。

我极其轻轻地从椅子上站起来，蹑手蹑脚地在黑暗中摸到我的外衣。我轻轻地穿上外衣，轻轻地打开门，又轻轻地关上门，走了出去。

我真想去工作单位。如果到了单位，能进去，能给我一间宿舍，我就不用回鞍钢父母家了。就是不给我宿舍，在办公室桌子上睡觉也无妨。无论多简陋的地方都无所谓，只要自由。我就不用受鞍钢母亲的凌辱了。

我走出鞍钢家住的那栋楼，在空旷的大街上走着。我想找到一家公共电话亭，给单位打个电话，问一下值班人员我是否能够星期天来报道。我走啊，走啊，走过一条又一条街道。没有一家商店是开的。没有一家早点店是开的。

我抬头看一看天，天空阴沉黑暗。低下头来看一看前方，路上没有行人。星期天的早上，有谁不想多睡一会儿啊！只有我这个无家可归的人街上游荡。

我继续往前走，希望能找到一家公共电话亭，也希望找到一家早点店。我开始觉得冷，非常冷。此时，我想到了妈妈，自己心爱的妈妈，爱我疼我的妈妈，更想到妈妈常对我说的话："要自立，要坚强，要做个对人民有用的人"。妈妈说得对，我要坚强，我绝不能被鞍钢母亲的无理而打乱自己的生活次序。

可是我去哪里呢？找不到打电话的地方，工作单位在星期天不办公，没有一家小吃店在星期天开门。我能去哪里？我连自行车都没有，要不然，我可以骑着车去找鞍钢。

我真想给鞍钢打个电话。鞍钢接了电话肯定会回来，我也就能够可以和鞍钢一起离开这里。但是，鞍钢一是需要集中精力念书，而是如果鞍钢回来，肯定会因为我和他母亲闹翻。这是我不想看到的。所以，我不能给鞍钢打电话。我相信自己能够处理这件事。只不过多等一、两天。明天，星期一，等我到了工作单位，我能分到宿舍，事情就会有进展。

从早上五点开始，我在北京街头的冷风里空着肚子走了三个多小时。没有找到一家早点店，也没有找到一处可以打电话的地方。无路可走的我，没有地方去，只有还回鞍钢父母的住处。我调整好自己的心态，告诉自己，无论他们说什么，我都不做声，我只要坚持到明天早上，就能离开鞍钢的家去工作单位。

现在回想起来，当时的我真的是太天真了。一个在纯知识分子家长大的人，根本不懂共产党人的无理、邪恶与专制。共产党人这种无理与专制不仅表现在对社会的管控中，还表现在对家庭成员的处理手段中。

我朝鞍钢父母家走去。此时已是早上九点光景。到了他家门外，我敲了敲门，鞍钢当时十来岁的小弟来开了门。

我进了门后，发现外屋没有人。鞍钢的父亲从里屋走出来，严肃地对我说："王倩，你犯了严重的错误，你把我们家搅乱了。鞍钢的小弟都被吓哭了。你必须向鞍钢的母亲承认错误，你知道吗？"

因为鞍钢的父亲当时是国家科委常务副主任，在我的心目具有权威性。在他对我讲这些话时，我不由地一阵紧张。

我跟着鞍钢的父亲走进里屋，只见鞍钢的母亲身体挺得笔直地坐在里屋的大床上。她的下巴向上翘着，脸上显出一副得意又带有蔑视的微笑。那是在告诉我："我听见鞍钢的爸爸对你说什么了，这回，我有我丈夫给我撑腰，我不怕你这个小丫头不像我低头。"

我没有说话，在沿墙的凳子上坐了下来。

鞍钢的父亲关上了房门。在两位高高在上，以气势压人的大人物人面前，我成了一名被审讯的犯人。

鞍钢母亲的胸与头越抬越高。脸上和眼中的蔑视越来越不可一世。

鞍钢的父亲看着我，一字一顿地又说了一遍："王倩，你把我们家搅乱了。鞍钢的小弟都被吓哭了。你必须向鞍钢的母亲承认错误。"

我没有说话。我不明白，我自始至终没有对鞍钢母亲说一句话，没有顶鞍钢母亲一句嘴，小弟红钢怎么会吓哭？进门后，我根本没有听到红钢的哭声。

我保持沉默。

五分钟过去了。屋子里的气氛使我感到窒息。

"你必须向鞍钢的母亲承认错误。"鞍钢父亲又把话严肃地重复了一边。

我抬起头，看了一眼鞍钢的父亲，又看了一眼鞍钢的母亲。鞍钢母亲脸上和眼中显现出的得意与蔑视，我没有说话。

又是五分钟过去了，"你必须向鞍钢的母亲承认错误。"鞍钢父亲又把话严肃地重复了一边。

我继续保持沉默。

"你必须向鞍钢的母亲承认错误"。鞍钢父亲又把话严肃地命令了一边。

突然，里屋的门开了，鞍钢的小弟一手握着门把，一边把头探进来。红钢长得很可爱。我很痛爱这个小弟弟。看到小弟推门进来，鞍钢的父亲大声说：

"你看，你把小弟都吓哭了。"

我看了看小红钢，他好好的，为什么？什么时候我把他吓哭了。昨天晚上我坐了一夜，连声音都没出，我如何能将红钢吓哭了呢？

红钢也看了几眼坐在凳子上，像个受审犯人的我。

"你必须向鞍钢妈妈承认错误。"鞍钢的父亲继续施压。

我有些承受不了了。"对不起"这三个字已经爬到了我的舌尖。我抬头看着鞍钢父亲和母亲的脸。这时我看到，那不是两张慈祥的脸，那是两张嘲讽的脸。那是两张傲气的，认为我没有做人权利的脸。那是两张要我无条件在他们的淫威面前低头的脸。

我想到了自己的父亲，一个刚强不啊的人，一个刀驾到脖子上也不屈服的人。我想到父亲讲过，在文革中，造反派把他关押起来，打他，要他揭发开滦煤矿领导。父亲对我说，"无论他们怎么打我，我都是告诉他们，我没有可以揭发的。"

我问我自己："我做错什么了？"我想不出来我做错了什么，我是父亲和母亲的女儿，我有父亲和母亲的优秀品格，我有教养，我不对别人无理，不侵犯别人。我没有错，我也就没有错误可以承认，我更没有必要道歉。我有父亲的铮铮硬骨，也绝不像邪恶低头。

按照我的家庭教育，明明是鞍钢的母亲辱骂了我，她应该向我道歉才是。

到了嘴边的"对不起"几个字，被我稳稳地咽了回去。此时的我，由于深信自己没有做错任何事情，坐直了身躯，抬起了头，正面直视鞍钢的父亲。我用和气但坚定的声音问：

"胡伯伯，我为什么要承认错误？我做错了什么？"

说完，我以询问的目光与他对视。我看着他，我拒绝收回我的目光。

这次，是鞍钢的父亲扛不住了。

"啊，啊，王倩，那今天就这样吧，今天就到这里吧。"

鞍钢的父亲从床沿上站起来，没说一句话，走出了里屋。鞍钢的母亲一见无人再给她撑腰，低下了头。

这是她没有想到的结果。

我站起身，走了出去。

那天，如以往一样，我仍然为鞍钢的父亲，母亲和小弟做好了中饭与晚饭。

今天回头去看那件往事，如果我是软骨头，那天，就会被两个不讲道理，以势压人的特权者屈打成招。他们进而会逼我把户口留在他们家里。我就会每天3到4个小时坐公共汽车上下班，然后每天为他们做饭，我将是他们的奴隶。感谢我的父母培育了我强烈的是非观念和不向邪恶低头的勇气。但是，我也可以看出，正义与邪恶，捍卫人权与践踏人权的水火不相容在那一刻就已存在。

第二天，我带上行李去了单位，并直接告诉人事处说我没有住处。如果没有宿舍，我就住办公室。我想的太简单了，办公室是不让住人的。人事处的老王说，"你不能住办公室，因为不安全。出了事谁负责？"

老王说的有道理。当时的科技信息所在北京化工学院内。一座三层大楼。到了晚上，整栋大楼一片漆黑。可以说很吓人，但是不能说是不安全。

怎么办？我绝不回鞍钢的父母家。我对老王保证，我晚上会把办公室的门反锁上。保证我自己安全。等到下午四点钟的光景，人事处同意我住在办公室了！

我心里长出了一口气。我自由了！我可以不用回去看鞍钢父母的脸了。但是我不快乐。因为我的出发点是爱鞍钢和他的家人。我不明白为什么他们不爱我，反要欺负我。

今天回头分析当时的事件，可看到一个国家部长级官员的不公正与不讲道理。鞍钢的弟弟们曾对我说，他们的母亲和父亲吵架，在家里大哭大闹还不够，他们的母亲还到单位里去闹，鞍钢的父亲怕丢脸，只好妥协。可是，我不明白，如果鞍钢的父亲有一丝公正，他就应该也问我一声："王倩，发生了什么，鞍钢的母亲说了什么？你是如何回答的？" 鞍钢的父亲没有问我一句话，反之，以势压人，强迫我向鞍钢的母亲道歉。这种逼迫行为就是侵犯人权。这就是一个上海交大毕业，在中共政府中任部长级职务的人的修养与素质。在这种环境的潜移默化下，孩子辈如何能够懂得什么是人权与平等，如何能够辨别对错？

今天回想起这件事，可以看到社会主义制度的弊病。社会主义者高调宣传，口口声声鼓吹人人有饭吃，人人有房住。 在政府分配住房当中，市民们从上到下，包括部长级的人物，都在想尽办法钻政府的空子；多报家庭人数，以获取更多的住房。显示出人类本性的贪婪。这些人在想尽办法，不劳而获。相反，在一个自由民主，公平竞争的社会里，只要奋力工作，自己就能花钱买房， 买适合自己家庭人口和财力的住房。也就不存在社会主义制度下分房子时的弊病与衍生的丑恶行为。

在此事件中，显现出鞍钢的父母不是本分之人，他们贪小便宜，而且是通过欺侮他人达到自己占便宜的目的。遗憾的是，他们碰到了我，一个坚持原则的人。

在住了一个星期的办公室后，我分到了宿舍。老王说的有道理，两三天以后有人知道我住在办公室，半夜三更，办公室里的电话会突然响起，一拿听筒，里面一个男人的声音开始恐吓我。

之后的一个周末，我骑车去北京钢铁学院看鞍钢，鞍钢也骑车到化工学院来看我，我们两人在北三环上大宽马路的两个方向骑过，可谁也没有看到谁。再过一个周末，我才见到鞍钢。 我把家里发生的事告诉了他。鞍钢非常内疚。他再三地对我说对不起，而且，他非常担心我会不原谅他。他跟着我一再说："毛毛，对不起"。"毛毛，真对不起，对不起……"，也不知道鞍钢说了多少个对不起。

我怎能不原谅鞍钢呢？而且这事又不是鞍钢干的。

我爱鞍钢。鞍钢是我生命的全部。在这个世界上什么都不重要，只有鞍钢最重要。我对任何事情都无所谓，只在乎鞍钢。在经过文革，失去母亲，父亲再婚又远离我们后，鞍钢是我生命中最宝贵的。物质的东西在我心中不占任何份量，只有鞍钢。 鞍钢是我生命的唯一， 也是我在这个世界上仅有的东西。我常对人说："我在世界上什么都没有，我只有鞍钢。"

在我的成长过程中，目睹了一次次的政治运动，亲历了中国百姓的苦难。我希望中国走向富强民主，人民再也不受精神上的折磨。我相信鞍钢有能力改变中国，我有责任去帮助他。

十来年后的一天在美国，当鞍钢四位兄弟和妻子们在一起的时候，小弟红钢说："姐姐，当年就是你把我们家给搅乱了。"

红钢的话，迫使我搜索自己的记忆。我想，一个当时十几岁的孩子，他父亲的话会给他对事物的判断产生定义的作用。听了红钢的话，红钢的妻子走上来问我，这句话出自何处。因为红钢的妻子被鞍钢的母亲逼迫劳动，辱骂而哭过多次。她根本不相信我会搅乱鞍钢家。

正是在那次之后的十几年中，我目睹了鞍钢母亲一次次的歇斯底里，甚至是坐在地上的大哭大闹耍泼。才明白为什么鞍钢的父亲说我把他家搅乱了。确切地说，应该是鞍钢的母亲自己把家给搅乱了。

一种可能是，那天夜里，鞍钢的母亲骂了让我滚出去后，我静坐了一个晚上。在鞍钢的母亲概念中可能只许她骂人，挨骂者无权发声。我的行为无疑是挑战了她的淫威。早上我走出门后，她大哭大闹和她丈夫耍泼，吓坏了十五岁的红钢。鞍钢的父亲不去管教鞍钢的母亲，却协助没有道理的妻子，逼迫我承认错误，还造谣污蔑我的名声说把他家搅乱了。还有一个可能是鞍钢的父亲给鞍钢母亲下达的任务，要鞍钢的母亲逼我把户口留在他家。鞍钢的母亲被我怼了回去，心里不好受，向其夫发泄不满。鞍钢的父亲反过来，怪罪到我的头上。无论如何，那是两个不讲道理，不尊重人权的人。

共产党政权就是专制。这种专制不仅表现在对社会的管制上，而且竟然也表现在家庭中。家庭中是父母专制极权。父母可以任意不讲道理，并以父母的意志对事物进行决断。没有错对的概念。在这种家庭长大的人，如何在社会上区分对错？

在共产党家庭内极权的三六九等制度中，我在胡家是没有说话权利的，我只是去干活的。当然不止是我，所有的儿媳都是同等地位。当儿媳妇的家长官位高时，鞍钢母亲的语言在某些时候会相对有所收敛。

相比起鞍钢的专制家庭，我接受着自由与民主的思想长大。父亲在我们只有八九岁的时候，就对我们讲解什么是人权，自由与民主，世界上哪些国家是自由民主国家。父亲不仅告诉我们什么是民主，而且以身作则。他说，一个人的对错以道德品德准则为准，不是以权力为准。所以，家里有什么事情，我们会听到父亲在说：

"对不起。"

而且，父亲在生活小事上用行动告诉我们什么是平等。父亲在食品上从不独食，从来都是平等分配。记得小时夏天每天家里都会吃西瓜，而且都是爸爸切西瓜。爸爸总是把西瓜平分成一样大小的四块，然后每人用勺挖着吃。吃别的东西同样如此，虽然弟弟当时不会超过十岁。有时爸爸吃完了他的那一份，不会跟妈妈与我要，爸爸会向弟弟开玩笑，问弟弟会不会给他一点儿。如果弟弟答应，爸爸会从弟弟那里得到一点，如果弟弟说不，爸爸也就不吃了。

所以，在我的头脑的概念中，人是平等的。但鞍钢家的现实告诉我，人是不平等的。

如果我的母亲当时还活着，我当时就会把这一切告诉她。我想妈妈会告诉我，这种人家不能进去。如果我当时止步，我就不会以后受到更大的伤害。但是，正是因为我没有母亲，鞍钢是我在世界上唯一的亲人，我把所有的感情都寄托在了鞍钢身上。才会使我对鞍钢的父母的行为一忍再忍。

在科技信息所工作的两年时间里，工作内容是翻译科技文章的简述。对我来说，实在没有任何挑战性。那些我看一眼就明白的英语句子让我翻成中文，真的是没有意思到透顶。纯粹是浪费我的时间。

在单位工作期间，我没有对任何人讲过我的公公是谁。因为那里工作轻松。为贪图安逸，高干子女很多。所有的高干子弟们，都是拚命地晾晒家庭背景。从而在工作上找到方便，或者就是单纯显摆。我从心里感到厌恶，瞧不起那些人。因为我心里非常明白，我要靠自己的力量去创造出一片天地，做自己有能力做，对自己有挑战性的工作。

英语对我来说和计算机编程语言一样，属于我的专业辅助工具。语言帮助我与人沟通，但那绝不会是我的职业。

当我要报考84级的研究生时，情报所所长不允许我参加考试，不仅不让我考，而且任何人都不让考。当时，可能有十来个人要报考，多数是77级的和少数78级的。离报名截止日期只剩三天了，所里就是不让报考。我想，如果我对所长说，我公公是胡兆森，是他的直接顶头上司，所长会给我开绿灯。但是，我没有那样做。我也绝不会那样做。相反，我和其他所有要报名的同事商量好绝食静坐。我就是要用自己的行动为自己创造出明天。

就在我们要开始静坐之前，所长同意了我们报名，但附上了一个条件，今年考不上的以后就不准再考。结果，我以总分第一的成绩考上了中国矿业大学北京研究生部机械系的出国研究生。详情敬请阅读我的第一本回忆录：《有志者，事竟成》。其他报考的同事，也都考上了研究生。

当然，我的行动也给自己找了麻烦，等学校来调档案时，信息所的人事处长老金，下了一番功夫对我的档案进行掉包，进行破坏。

老金胆敢那样做，我想，他认为我是没有后门的人。我后面没有靠山，又敢带头闹事，所以他就给我点颜色看。

3.2 "你不把客人剩的菜吃了,我就不吃你做的饭!"

妈妈在世时常说:"毛毛勤快,利索。" 我从小观看父母煮饭烧菜,潜移默化地会做饭,而且很喜欢做。虽然常常受到鞍钢母亲的不公正对待,但只要我去他家,我还是认认真真地亲自买菜,为他们调口味,做好可口的饭菜。我想,每一份饭菜都是我用心做的,每一份饭菜都在表达我对他们的爱。我希望能够感化他们。

记得大四下学期的毕业实习是在北京机床厂。当时机床厂的厂址在长安街大东头的大北窑。我第一天到了北京就去看望了鞍钢的父母和小弟。我发现他们吃饭只有干粮,没有菜肴。鞍钢的母亲懒得连菜都不做。我对鞍钢的父母说,我要在北京实习十天。虽然我无法天天来探望他们,我隔一天来一次。多做点菜,这样小弟和鞍钢的父母能吃好一点。当时,我最心痛的是鞍钢的小弟,孩子在长身体,吃饭连菜都没有。我真的不明白当妈的为什么会是这样。

第二天,五点钟下班的时间一到,我就赶大一路公共汽车,先到西单菜市场买了菜,再赶到鞍钢家做饭。当然,买菜钱都是我自己的。我也绝不会向鞍钢的父母要,我也不会要他们还。因为我不在乎钱,我在乎的是亲情。

记得有一天刚下了班,我又急急忙忙地冲出厂门去赶公共汽车。班上一位寄读的老六六届已成家的男同学,笑着对我说:"王倩,你一个没过门儿的姑娘家,这么往未来的婆婆家跑,给人家做饭去?"他下面的话没有说完,脸上带着瞧不起人的嘲笑。其实他就是在说:"你掉不掉价呀!"我说:"鞍钢的小弟没有饭吃,他妈根本不管他。我不能看着不管。鞍钢在这儿肯定也会给他小弟去做饭的。"今天回想起这一切,我想,我的行为与我的家庭有太大的关系,我只知道做人要真诚,人与人之间需要关爱。我不知道做人还要考虑掉不掉价。那时的我根本也没有懂得那个人说话的嘲讽含义。

那天,我正在厨房做饭,小红钢走进来,笑得好甜,说:"姐姐,今天还能再做咖喱鸡吗?" 我两天前做的咖喱鸡。那天,好像正在做古老肉。因为我每次都换花样。怕他们吃烦了,让他们能保持好胃口。

我说:"今天没有做,过两天吧,喜欢咖喱鸡?我临走前再给你做一次。"

大学毕业开始在信息所工作之后,每到星期天,鞍钢的父母都要我过去给他们做饭,改善伙食。其实不止是做饭,还要收拾屋子,刷碗,收拾厨房。我不怕干活,而且极能吃苦。如果是一个月去一次,我觉得是应该的;可是每个星期都得去,我有时感到体力不支,有压力。但是,我还是去了,因为他们是鞍钢的父母。我每次总是坐公共汽车从和平里到百万庄,买好了菜,到家做好了菜饭,让鞍钢的父母,小弟,有时老二也会回来,共同享受。每次看到他们吃得那么高兴,即使自己很累,也没有想到抱怨。因为他们是鞍钢的家人。当时鞍钢在北京钢铁学院读硕士,所以鞍钢不常回来。我每个星期去给他爸爸妈妈做饭时,鞍钢很少在。

鞍钢的家按照我的要求来说,很脏。因为鞍钢的母亲极懒,不收拾。家里的碗都是黑色的。因为不讲卫生,几个儿子都得过肝炎。我是个受不了脏和乱的人。每次看到脏乱,我得彻底收拾完了心里才舒服。所以,因为我自己勤快的天性,也没觉得鞍钢母亲逼迫我干活。因为我受不了脏和乱,主动把活给干了。其他几位弟妹心中的感受就不一样了。

现在回想起来,鞍钢的父母让我过去,就是去给他们干活。这样,他们自己什么都不做,可以休息。还可以用我这个不花钱的厨师为他们做好可口的饭菜。按照共产党的理论,就是剥削我的劳动,侵犯我的人权。今天的中国,这种侵犯他人人权,无偿占有他人劳动的行为不是比比皆是?导师逼迫研究生为自己家庭无偿劳动。当官的使用下属为自己家庭干活。这一切都是专制社会无底线地侵犯人权造成的。

一个星期天,鞍钢的母亲再三叮嘱我一定要多买些菜。她说家里会有客人。那天,鞍钢不在。到家后,我给鞍钢一家人和三名客人做好了饭。午饭后,我照样要收拾桌子洗碗。鞍钢的母亲对我说,不要把客人吃剩的菜倒掉。既然鞍钢的母亲说了,我也没往心里去,就把剩菜留在了原来的盘子里。

到了晚上，我又做了一桌子菜。当我把饭菜全摆上桌，一家人都坐下后，鞍钢的母亲要我把剩菜拿上来。我当时真不明白，为什么还要把剩菜拿到桌子上。等我把三盘剩菜拿来后，鞍钢的母亲说：

"你把剩菜先吃了。"

我才不吃呢！我心里不高兴。我说："我不吃。如果没人吃，我倒了就是了。"

"你不把客人剩的菜吃了，我就不吃你做的饭！"

又是一声吼。没想到，鞍钢的母亲反倒有理由逼我。天下会有如此不讲道理的人。鞍钢的母亲自己不想吃客人剩下的菜，她嫌脏；而她又舍不得倒掉。她也不让她的儿子们，或她的丈夫吃剩菜，因为那些人对她来说都很重要。她让我这个给她干了一天活的儿子的女朋友吃客人剩下的菜。我在她的眼里只是个没有人权的奴隶。她根本没有把我当做人看。

我当时心里非常气愤，但我客客气气地说："反正我不吃客人吃过的剩菜。"

说完，我站起身，解下围裙，离开了鞍钢家，饿着肚子回了工作单位。

今天回顾这些往事，我不禁问自己，在这样的家庭中耳熏目染长大的孩子，是否能够懂得人权，民主与自由的含义呢？我想他们是不会懂得的。我特别记得后来鞍钢家的四兄弟都有了妻子。当所有人都在家时，鞍钢的父亲开始说话，鞍钢的母亲就会大声说："大家都不要说话。大家都停止讲话。我们都来听你爸爸讲话。" 给人一种臣民俯首对皇帝的气氛，而不是家庭气氛。

我还记得那是 1995 年的一天，在北京中科院生态中心的家里。我和鞍钢在谈论一些在美国的事情。我说："我热爱美国，最主要的一点是自由与民主。"

令我震惊的是,我的"民主"二字还未出口,自由的"由"字的音还没有发完,鞍钢强硬的、带有训斥口吻的一声,

"自由算个什么东西!"

已经顶了回来。当时,确实给了我一种震撼的感觉。那是第一次我意识到鞍钢与我对自由及民主认识的极端差别。

所以,一个在没有民主,不尊重人权,靠不讲道理达到维持家长权威环境下长大的人,这种不讲道理已成为潜意识埋在此人的骨髓里。一旦时机成熟,这种不讲道理的行为就会显现出来,或成为标准的日常行为。

鞍钢在与我交朋友的初期长提民主自由。鞍钢在他没有成名时,也曾谈论到民主自由。一个人在成名之后的表现,才是他真实本性的流露。

3.3 "你不交饭钱还想吃西瓜？！"

我与鞍钢于 1983 年 3 月 8 日结婚。也就是我们大学毕业一年以后。当时，我和鞍钢都不想结婚，想等鞍钢研究生毕业，或我也念完向往的学位再结婚。可是，鞍钢的父母一天到晚催我们。不得已，我们把婚期订到了 83 年 3 月 8 号这一天。鞍钢当时是真的不愿意结婚，逢人便说，"我爸我妈老逼着我俩结婚，我们俩真想等一等。"

为了结婚，我们去怕了结婚照。鞍钢在结婚照里风度翩翩。鞍钢父母虽然逼着我们早结婚，但是什么礼物也没有准备。从我的心里出发，我从来没有想过从鞍钢的父母那里得到什么。记得我的母亲和我讲过，妈妈和爸爸结婚时，一切都是他们自己准备的，并和外公说她什么都不要。外公实在觉得不好意思，给了妈妈几个金条做礼物。可妈妈说，"我根本不想要。"妈妈的独立精神在我的心目中种下了坚强的信念。我从小立志要做个独立的，谁也不靠的人。

我给鞍钢做了套衣服。自己上身穿着妈妈当年的一件细格子的西装，下身一条浅灰色长裤，配了一双黑色半高跟鞋。颜色很匹配。可惜照片留在生态中心的家里，估计已被鞍钢毁了。

我和鞍钢先去香山爬山，野餐，傍晚，我们去了当时在西长安街上的鸿宾楼吃了一顿北京风味的晚餐。可惜，我把当时点的几道菜名忘掉了。

结婚后，鞍钢回钢院去上课，我继续回单位住宿舍。

我把户口放到了单位。单位里，要根据年龄，婚姻及家庭状况排队分房子。因为我是当时大龄里的大龄，不久，单位份给我了一间房子，地点在新街口北大街 59 号。那是地地道道老北京人居住地。我去看了房子，房子里的地面是坑坑洼洼地泥土地面。房子没有厕所，没有室内用水，也没有暖气。饮用水在院子里，上厕所要出院子门。这套房子，所里其他的人没人愿意要，原因是没有配套设备。我从小在有抽水马桶的英式洋房子里长大，文革中一家人被扫地出门，住了只有公共厕所的煤矿工人住宅区。又下乡了七年，所以，住什么房子我都不在乎。而且，住到北京老城区对我和鞍钢来说，都会是一个极其可贵的机会。因为我们两个人都没有和真正的老北京打交道的经历。

鞍钢在学校忙他的功课，我去商店里买了最基本的家具。开始了我们极其简单，但又非常幸福的生活。鞍钢那时是带工资上学，好像每月有四十几块。我拿着本科毕业的工资，好像是四十五快一个月？因为在信息所常有翻译的额外收入。虽然我们不富有，但是我们生活的很快乐。

像以往一样，家里所有的活都是我做。从买菜，买煤，做饭，洗衣服，所有可以想到的家务活，全都是我。首先，我勤快，无论干什么活我都不在乎。什么事三下五除二，快手快脚一会儿就干完。而且我总是认为，家庭团聚的最主要时刻是在一起享受食物，所以，我买菜都是为鞍钢仔细考虑，把每一份菜，每餐的各种食物都搭配好，让鞍钢吃得开心。

我们家的隔壁住着一家三代老北京。姥姥，姥爷，我和鞍钢称呼他们为"大爷，大妈"；女儿及女婿都为北京中学的老师，我们称他们为"大哥，大姐"和两个孩子。他们一家人同院子里的人都是性情爽快的，直话直说的，地道的北京人。大家互相帮助，一个院子里的人生活过得和气快乐。

记得一天，我买了蜂窝煤。拉煤的把煤卸在了大门外，需要自己把煤搬进来。像往常一样，我换了套干活的衣服，用一个盆，每次装上几块煤，就从大门外向屋子里搬蜂窝煤。鞍钢在屋子里不知道他是在看书，还是在看电视，我没有注意。

突然，我听到重复的："小胡！小胡！"的喊声，原来是隔壁的大姐在叫鞍钢。大姐从我身边走过，径直进了我们的家门。她看见鞍钢在那而坐着看电视，就朝着鞍钢嚷了起来："小胡，我说你真是有福气。一缸缸的水，是小王拎回来，饭是她做，这煤也是她搬？你哪生哪世修的福啊？"我听了，忍不住笑了出来。大姐在为我打抱不平。

鞍钢看着大姐，傻乎乎地"嘿嘿，嘿嘿"地笑着。他站了起来，走出来帮我一起搬煤。其实我真的不觉得搬煤是多么重的体力活,这几块蜂窝煤,比起当年下乡时挑七,八十斤的担子,或是进工厂后,扛着五十公斤一袋的水泥登上搅拌机不知要轻多少。也许是干苦活没觉得苦,我才没有叫鞍钢和我一起做吧。

今天,我回想起这些往事,我总能看到,鞍钢确实没有心痛我。或者说是我把鞍钢给惯坏了。我应该叫他一起干。

鞍钢管不住自己的嘴。看见什么都想吃。常常吃的太多后不消化。

记得在新街口北大街住时,一个星期天,我第一次给鞍钢做了肉馅饼。那天的肉馅饼做的很大,直径有七寸左右。馅是猪肉小西葫芦加一点儿韭菜。肉馅先打入淀粉,这样吃起来鲜嫩。我不挤掉西葫芦本身的汁水,把西葫芦与肉搅透,这样,当馅饼熟了以后,汁水很多。另外,每个做好的馅饼,我还用盘子沿着馅饼外沿压上一圈,把多余的面皮切掉。这样,馅饼的边皮不会超过六毫米宽。

我刚做好第一个,鞍钢就开始吃。鞍钢咬上第一口,就说:"从来没吃过这么好吃的馅饼。"说完之后,一声不吭,低着头只顾吃。

鞍钢吃了一个接一个,不断地说好吃。当我看他一连吃了七个馅饼后,开始担心他撑出病来,就说:

"鞍钢,别吃了,再吃要撑出病来的。"

鞍钢连眼都没抬,那两只眼睛还是紧紧地盯在桌子上的那一摞馅饼上。

我说:"鞍钢,再吃,真要撑坏的。留到晚上吃也都是你的,又没人和你抢。"

鞍钢不说话,两手同时伸出,又拿起了一张馅饼放在了他的盘子上。

我真担心鞍钢会撑坏，走过去也用两手抓住他的盘子。我试图把盘子从鞍钢手里夺过来。一边夺，一边说："鞍钢，哪有这么吃的，这要撑坏的。"无论我如何用力，鞍钢就是不说话，也不撒手，两只眼睛也不看我，只是紧紧地盯着盘子里的馅饼。我真正感到，那一刻，那张馅饼是鞍钢的生命。鞍钢用了全身的力气攥住他的盘子。我是根本没办法把第八张馅饼从鞍钢手里抢过来。我只好放开手。

鞍钢一口气又把第八张饼吃了下去。吃完后，鞍钢并没有说，"我饱了"之类的话，相反，他还坐在那儿两眼直盯着剩下的四，五张馅饼。我说："这回，你可真的不能再吃了。留着晚上吃吧！"

鞍钢不情愿地站了起来。

一个人幼年时的家庭生活塑造了一个人成年后的举止。鞍钢是一个幼年没有吃过好吃的东西的人。成年之后对吃的欲望无法控制。

做为一名女人和一名妻子，我永远认为，食物，是家人团聚时快乐的源泉。食物，也是我对家人传达爱的方式。

85年的一天，鞍钢的一位同学自杀了。鞍钢要去学校处理事情，可能几天不能回家。鞍钢一去学校，我就担心他吃不好，第二天晚饭时间，包好了饺子，骑着自行车就去了钢院。到了学校，鞍钢没有在宿舍。他的一位同学说："你又给老胡带什么来了？""饺子。"我说。

"老胡才来学校不到一天！"他那"一天"俩字声音拖得又高又长。是不是因为没人给他送饺子，他嫉妒？经他提醒，我才意识到，鞍钢离家确实不到二十四小时。

夏天到了，吃西瓜是免不掉的。住在新街口时，我和鞍钢的经济能力是不可能像我小时候，父亲每个星期用自行车驮回五六个大西瓜来，几乎每天一个。但是每星期三个还能做得到。因为，我们只有两个人，可以买小一点的西瓜。

我也没有继承父亲永远等分西瓜的传统。我没有把西瓜对开，告诉鞍钢，每人一半。任何东西我总是让鞍钢先享受。我喜欢吃西瓜，但是我不馋。有的吃就吃，没得吃，也无所谓。因为深感到鞍钢小时没有享受过的食物太多，所以长大后才不能控制自己。

我把西瓜切成手拿的小块，每次都让鞍钢吃够了，我再吃，或不吃。

1984年夏天的一个星期天，我和鞍钢一起去探望他父母。那天，鞍钢的其他弟弟们和弟弟的女朋友们也在。我还是为全家人做好一桌子饭菜。吃过饭后，我和其他弟妹们在厨房刷碗，听见鞍钢大声激动地喊起来：

"西瓜！西瓜！吃西瓜！赶快吃西瓜！"

原来，鞍钢在他父母卧房的床下面发现了西瓜。

我听了感到好不舒服。家庭中的每个人都知道鞍钢的父母极端小气。如果他们愿意让子女吃西瓜，这西瓜绝不会藏在卧房的床底下。鞍钢这么个大人，为什么连这个都不懂？而且，整个夏天，在我们自己家里，根本也没少吃过西瓜。怎么就这么馋，管不着自己的嘴，控制不了自己呢？

紧接着，一句训斥的吼叫声传了过来，

"你没交饭钱，吃什么西瓜！"

是鞍钢母亲的声音。

我真生鞍钢的气。我不明白，为什么鞍钢就这么没出息，要找挨骂。鞍钢母亲这一骂，孩子们谁也不出声，只是相互做鬼脸，偷笑。我与和我在厨房一起刷洗碗筷的二弟妹说：

"真让我生气。鞍钢为什么要找挨骂？"

善良的二弟妹笑着说："哥哥真傻。"

本来好好的一次家庭团聚，就这么给毁了。儿子们媳妇们马上开始告辞。我和鞍钢骑自行车离开了他父母在公主坟的住处。

鞍钢被他妈当着弟妹们吼了之后，还没出过声。我们一路骑着车，鞍钢还是默默无语，我想他是在反思。我趁势问了一句：

"鞍钢，你今天犯了什么错误？"

"为吃西瓜，丧失了气节。" 鞍钢嘟囔着说，

我扑哧一下笑出声来。

但是人生中，正是这种在小事上的不能自律，导致犯错以致终生遗憾。常言道："吃了人的嘴短， 拿了人的手短。"一个人首先不能馋，要有能力抵抗诱惑。

回想起那时的事情，鞍钢在没有成名时，他被他的母亲瞧不起，与我患难与共。等到鞍钢成了名，鞍钢反而对我如猪狗，与他母亲为伍。

3.4 三儿子的婚礼和一壶开水

鞍钢的三弟要结婚了。女方是北航 77 级导弹设计专业毕业生。父亲是当时国家计委常务副主任。

按照中国的传统，男方应准备新婚用品及酒席。

鞍钢的父母不想花费，就要求我为结婚那天准备饭菜，在家里办一桌婚宴。

我先问鞍钢的父母，酒席花费上限是多少，是要几个菜，几个汤，多少甜点等等...我得到了答复，明白了鞍钢的父母不肯花钱。但是我想，结婚那天，将要过门的三弟妹的父母也过来吃喜酒，菜的最终装盘一定要漂亮，原料质量要高，菜要清淡，高档，有品位。

我先设计出菜单，就去买菜，我自知会超过鞍钢父母给出的预算，那也没什么。作为大嫂，为弟弟做一些事是应该的。

鞍钢的三弟心地善良，为人正派，很像鞍钢的爷爷和奶奶。

记得 94 年我因子宫肌瘤在上海做手术，手术后，鞍钢不肯照顾我，仍旧要出差。鞍钢的母亲还特地打来电话对我说："你做了手术，恢复是你自己的事，不许让我儿子伺候你。" 我听了非常生气。当然，我相信，她也会同样打电话给她儿子，告诉鞍钢不要管我，去干他自己的事。

三弟听说后当着我的面对鞍钢说："大哥，姐姐对你这么好，你怎么能这样对姐姐呢？咱妈是什么样的人你不知道？你和谁过一辈子你不知道？"

三弟的话真的起了作用。鞍钢一直陪了我将近一个星期，到我可以走路之后才再出差。

三弟也是几个兄弟中最大气的。记得我 94 年在上海为公司的搞合资工作，有时间就去看望鞍钢的小叔叔和爷爷奶奶。爷爷过世后，奶奶与小叔叔一家生活。因为小叔叔和婶婶白天需要工作，只好请人照顾奶奶。在那个年代，一个月的保姆工资大概两、三百块钱。这对有一个上学孩子的叔叔和婶婶来说，是一笔负担。小叔叔和鞍钢的父亲商量，请求鞍钢的父母共同承担一部分奶奶的费用。鞍钢的父母不出。

小叔叔向我提起这件事，原因就是他们，包括奶奶在内，都深知鞍钢母亲的为人。

鞍钢的奶奶及其善良可亲，我见到她心里感到很亲，就是自己的亲奶奶。小叔叔和婶婶也是极好的人。我和他们都走得很近，很亲。

我听了小叔叔的话，马上就说，"没关系，每月奶奶的保姆费用我来出就是了。"

记得有一个月工作极忙，在给保姆工资的前一个周末没能把钱提前给小叔叔送去。该付保姆工资的那个星期天早上，我起身后就从闵行坐车朝小叔叔家赶。从闵行到杨浦区坐车一般至少要一个半小时。

当我赶到小叔叔家，他们还在吃早餐。婶婶心痛地说："王倩，你专门为了把工资送过来，跑这么远！"在小叔叔家，在奶奶面前，我体会到人间的亲情与温暖。

后来小叔叔把我在付奶奶保姆费用的事告诉给了鞍钢的父母。鞍钢的父母没有任何表示。我想，鞍钢的父母会很高兴，因为只要不要他们出钱，谁出都行。

我巴不得每月给奶奶付保姆费，因为我爱奶奶，我希望能为她做些什么；我也希望我能帮助叔叔和婶婶，因为这是在我的能力范围内能做的事。尽管我非常高兴能为奶奶每月付保姆费，可我估计小叔叔和婶婶还是生鞍钢父母的气，过意不去，看着不公。他们把这件事告之了鞍钢的弟兄们。

三弟首先说："怎么能只让姐姐一个人出费用？我们也得出。从此，几个孙子家轮流出费用照顾奶奶。奶奶在九十九岁高龄时，在睡梦中离开了人世。那天，小叔叔一早打电话告诉了我。我又逐一打电话把消息告诉给了当时在国外的弟弟们。

我一定要把三弟的婚宴做好。那时是六天工作制。我在单位请了假，提前一天到了鞍钢的父母家。除了准备宴席，我还需提前把客厅和餐厅收拾、布置好。

婚庆那天，我一早起来就开始忙。二弟妹也一早就赶过来帮我。其他的弟弟们也都在各尽所力帮忙，家里一片忙乱而又欢乐的景象。三弟穿上新郎的服装要去接新娘了。大家在客厅里有说有笑地和他祝贺，开玩笑。此时，我突然听到歇斯底里的哭喊声。当时的我，实在太忙，因为，所有酒菜必须在未来的一个小时内全部上桌。我没空去试探究竟，我把头探出了厨房，发现鞍钢的母亲坐在地上大哭，在耍泼。

我有点发懵，"为什么？！" 我问，儿子结婚是大喜事，怎么会大哭大闹？在我一旁帮忙的二弟妹走出了厨房又回来对我说：

"她是嫌儿子结婚惹她烦了。"

"为什么？" 我还是不懂。儿子结婚，她连一个菜毛都没有碰过，洗过；连厨房都没有进过，能操多少心。

可能是因为鞍钢母亲的行为太过分，鞍钢的父亲把他的母亲拉进了他们的睡房，然后关上了门。

三十多年过去了，直到今天，我也想不明白一个母亲在儿子婚礼当天在地上耍泼，哭天喊地的行为。母爱在哪里？

婚礼上，鞍钢的父亲送给亲家的礼物是一把两寸长的折叠旅行剪刀，和另一样类似尺寸大小的礼物。亲家走时不知是忘了还是诚心没有拿。

1985 年二月份的一天，三弟妹风尘仆仆地从大西北的导弹发射基地出差回来。刚到家，和三弟只说了几句话，我见她又穿上大衣往外走。二月的北京是冰天雪地，三弟妹此时要骑车回家看父母？还是家中有急事？

我问了一句，"为什么急着回家，伯伯，伯母身体好吗？"

三弟妹低下头说，"都好，我回家去洗澡。"

我又懵了。我真的是不知道，与鞍钢父母同住的三弟夫妇有此约法三章，还不能在住的地方洗澡？

我说："你刚坐了两天两夜的火车，再骑半个小时自行车去你爸妈家洗澡？" 我又生气，又觉得不像话。鞍钢的母亲真是不近人情。

"你回自己的房间和三弟说话去，两人一个多月没见面了。我给你烧水，等水开了，我敲门叫你。如果妈妈说事儿，我去面对她，我给她烧水的煤气费。"

"谢谢姐姐。"三弟妹说。

我过后直接告诉鞍钢的母亲，我为三弟妹烧了一壶开水。鞍钢的母亲什么也没说，是她拿我没辙，还是暗地里更恨我，我不得而知了。

1996 年，鞍钢的母亲到北美的各个儿子家度假。一听到鞍钢的母亲要来，二弟妹马上对其他的三家说：

"必须提前定出婆婆在每家的停留时间是两个星期。绝不能超过两个星期。"

听到这话，其他的儿子们还不高兴，认为他们的母亲来了，想住多久就住多久。二弟妹说："两个星期最多了，否则，夫妻之间就会为婆婆的言行吵翻天，日子就别过了。" 另外两位弟弟当时对二弟妹的话很不满意。

三儿子白天去工作。三弟妹在家不工作。婆婆住在三儿子家中没有超过三天。鞍钢的母亲趁儿子不在家,又去无理辱骂三儿媳。她以为,所有的儿媳都会像我那样被骂了不吭声,所有的儿子也会像鞍钢那样从不保护他们自己的妻子,对她的行为默许。正是鞍钢做出的坏榜样,使鞍钢的母亲不把儿媳们当人看,有胆量任意辱骂儿媳们。

　　那天,鞍钢的母亲骂完了三弟妹,三弟妹马上就打电话告知了三弟。当天傍晚,三弟要求他母亲必须马上离开,并叫来小弟把他母亲立刻接走。在被小儿子接走之前,鞍钢的母亲曾央求自己的三儿子让自己留下,三儿子没有答应。三弟是立场鲜明地保护了自己的妻子,并使他的家庭和夫妻感情不受到他母亲的伤害。

　　二十多年后的今天,回首观察与分析往事,使我看到了事物发展的根本原因。

　　鞍钢在成名之后成了他母亲不讲理的行为的捍卫者。更确切地说,鞍钢成了权势的捍卫者。鞍钢的这种行为,与他在学术上的表现一致。只要是当权者,无论是谁,无论其行为有多么不合理甚至是邪恶,鞍钢都会为其唱赞歌,进行捍卫。鞍钢没有错对的概念。只有保护和取悦权势的内在动力。这种对权贵全力奉承的内在动力,有基因遗传也和他的成长环境紧密相关。

3.5 "考什么考？考什么研究生？！"

我和鞍钢结婚的那天傍晚，我们去了鞍钢的父母家。鞍钢的二弟及他的女朋友也在。鞍钢的父亲将我，鞍钢，二弟及二弟女朋友叫到一起，开始讲话。讲话的内容是安排我们的未来。鞍钢父亲首先指着我和鞍钢说："你们这对，今天结婚，我安排你们给我生孙子。"他又转向鞍钢二弟和女朋友说，"你们这对，我安排你们读博士。"

鞍钢二弟的女朋友为人忠厚善良，书读的很好，和鞍钢二弟两人同是北钢 76 级的硕士研究生。

我的父母从小教育我要自立，靠自己的能力去闯出天下。我至今记得父亲和三叔两个人，在抗战期间，从沦陷区浙江，徒步走到四川求学的经历。我非常佩服父亲的坚韧不拔和自立精神。我从小就立志要靠自己创造出人生。

在我八岁左右的一天，父亲谈起了他以总分第一的成绩考取了国民党资源委员会出国留学生的事。当时需要交一两黄金才能成行。父亲请求他的大哥卖掉祖父留下的一处房产，但是游手好闲的大伯就是不肯卖，因为出租所有的房产是大伯唯一的生活收入。父亲因没有那一两黄金没能在中共立国前及时出国，父亲当时说的一句话的语调至今清楚地留在我的脑海里。他说：

"如果我当时出去了，现在就完全不同了！"

多少感叹，遗憾与痛苦包含在父亲的话语中啊！从那一时刻，我心中就有一个强烈的信念，一定要考取公费出国研究生，为父亲挣回这份荣誉。此后，母亲的教导："做个对人民有用的人。"也深深地嵌入我的心中。我一定要学本领，奉献于人民。

中国的社会是专制集权社会。专制又必然导致特权。特权阶层又是相互关联的。他们互相开后门，为各自谋求既得利益。鞍钢的父亲有特权，也有关系。他可以为他的孩子们安排想要的工作。今天，他要安排我为他生孙子。我听后感到滑稽。什么时代了？我自己的父母在 1940 年都是自己闯出的天下，四十年后，在 1983 年，我要别人来安排我的命运？历史车轮在倒转？又回到了封建时代？实在太荒唐。我的命运由我自己决定，任何人没有权利决定。可是，具有封建意识加之中共官场特权意识的鞍钢的父亲，已经习惯于安排别人的命运。从他本身来说，他没有意识到，每个成年人都是独立的人，每个人都有权利决定自己的未来。每个人的未来不是由他人强加的。鞍钢的父亲可以问我："王倩，你对将来有何打算？"他没有任何权利安排我的命运是为他生孙子。生不生孩子由我和鞍钢决定。

对鞍钢父亲的首长式的讲话，我不做声，鞍钢也不做声。鞍钢知道我在铆足了劲儿考出国研究生。那时的鞍钢和我一心。鞍钢跟着他爸打哈哈，没有发表意见。但是，鞍钢也没有勇气对他父亲说，"我们的家事由我们自己决定。"

我和鞍钢高兴地玩了一天，被鞍钢父亲的讲话浇了盆冷水。

遗憾的是，83年我没有考上出国研究生。

没考上，不是坏事，又把我不达目的誓不罢休的倔劲给逼了出来。我对我自己说，我非考上不可。鞍钢这时研究生还剩一年，正在准备考科学院的博士研究生。鞍钢和我一样，也是非要拿到博士学位不可。

当听到我没考上，鞍钢的父母微笑了。他们认为这回我可以死心了，该生孩子了。当他们又听说我准备第二年再考时，可想而知他们会有多么不高兴；鞍钢的母亲可能是恨得咬牙。鞍钢的父亲已经明白他是无法控制我或强迫我走他替我选择的人生之路。所以，每次见到我，只是从侧面谈到："我有很多关系，你想去大学教书，或科研机构都可以。" 他或者问一些工作上的事，不再直接逼我生孩子。鞍钢的母亲就不开窍，只要见到我，就是骂，而且当着所有的弟弟妹妹们大声训斥："考什么考？考什么研究生？！"

不管她如何无理，我都不吭声，平静地面对。我照样为鞍钢的母亲做一切她想要我做的，我认真做家务，认真地烧好每一餐饭。但我心里想："我不会放弃自己的理想，你怎么骂都不管用。"

1984年教委的研究生入学考试新添了综合科目一项考试。所以一共五门，整整考了两天半。一天考两门，上午三个小时。下午三个小时。真可谓是考得精疲力尽。我的体力还未从三年前的那场大病中完全恢复。第三天考完走出考场，我走路时腿都没有了力气。

鞍钢每天下午都来考场接我。我将头靠在鞍钢的肩膀上，我们手拉手地回到新街口的家中。每一天，鞍钢给了我无穷无尽的支持。

考试结果下来了。我以总分第一的成绩考取了中国矿业大学北京研究生部机械系的出国研究生。

鞍钢父母表现出来的是沉默。

我考上出国研究生，给鞍钢弟弟及弟媳们未来的人生打开了视野，树立了榜样。过后，鞍钢的父亲给鞍钢的二弟媳联系了一所国外的大学，鞍钢的二弟随后也跟了出去。三弟非常努力，自己联系成功了一所美国大学。小弟大学毕业后也出了国。

在我出国前的一次家庭聚会中，鞍钢的母亲突然冒出一句话："我们家的孩子们全都出国，别人都羡慕死了！我都从来没有在办公室里或者和邻居说过，我的大儿媳妇是自己考上的。"

一个人靠自己的真实本领考上出国研究生，本来应该是父母最引为自豪的。为什么鞍钢的母亲不对任何人谈起我是自己考上的？

我想到了我的家人对我考上公费留学生的反应。

如果妈妈还活着，妈妈会自豪地对人说："我女儿考上了教委公费出国留学生！"

回杭州看亲戚。二姑妈老远看见我，就笑眯眯地歪着头站在那里等着我。那一脸慈爱、赞许的微笑至今我都记着。当我走到她面前，"像爹爹的，像爹爹的。"姑妈点着头笑着说。因为姑妈知道爸爸当年也是以第一名的成绩考上了公费留学生。

过后见到父亲。父亲的原话是："王倩，不错不错，不容易啊！"

鞍钢三弟媳和我说过好几次，"王倩姐，我妈又在夸你。说你才是真行，里外一把手，自己考上的教委留学生。"

只字不提我成功的人，只能是不喜欢我的人。这个世界上只有鞍钢的母亲不对人提起我是自己考上的。

为什么？是因为我做了他们不喜欢的事？挑战了他们的专制？没有按照他们的安排去生活？在鞍钢的母亲眼里，所有的儿子或者儿媳们，任何一个也不能有超过她丈夫的本事或关系。儿子或者儿媳们一定要靠她丈夫的关系在社会上找到位置，任何人都必须按照他们决定的方向去生活。他们决定我在信息所混日子，为他们生孙子。我没有照他们的做，就是大逆不道。

我就是要自立，靠自己走出人生。父母的血在我身上流着。我要使我的父母感到骄傲。

非常遗憾的是，鞍钢当时的英语不好。直到我出国近两年，我才在联合国的意大利特里亚斯特物理中心为他申请到短期访问学习机会，并为他负担机票，从而终于使鞍钢有了第一次出国机会。

1985年8月的一天我和其他四名教委读博士学位的留学生，以及教委派出的，十几位大专院校，研究所的进修生一起登机离开中国。

出发那天，鞍钢来机场送我。此时，鞍钢已经考取了中科院自动化所的博士研究生。我为鞍钢骄傲，不只一次地对鞍钢说："鞍钢，好样的！中科院的博士可不是白给的。"

已经近两个月了，我和鞍钢一想到分离就极其痛苦。每天一想到分离，都会觉得难舍难分。可我们无法回避，这一天还是残酷地到来了。

在北京机场的候机楼，我一步一回头，泪眼看着站在大玻璃窗后面的鞍钢。我放慢了脚步，脱离了我们班登机的队伍。只听同学们在叫我："王倩，王倩！行了，行了……"那意思是在说，"快登机吧，你别再儿女情长了。"

四十多年过去了，直到今天，鞍钢站在大玻璃窗后面目送我走向登机口的一幕仍然清晰地留在我的脑海中。

世界上有什么能比活生生地拆散一对相爱的夫妻更残酷？

纵观中国的近代史，正是共产主义运动导致的专制社会才催生了文革，以及与文革相关的上山下乡运动和十年的学校关闭。

如果文革没有发生，我们这一代人，在二十二岁大学毕业，二十九岁就已经读完博士并成家立业了。可现实情况是，我二十五岁进大学，三十二岁出国开始读博士。我们在追回失去的青春和学业的同时，又在经受着何等非人般的感情上的折磨与痛苦！又在付出何等大的家庭与亲情的代价啊！

这些违背人性的生活不是我们主观上愿意要的，是专制社会给逼出来的。

教委当时的政策是两年后才能回国探亲。对于我和鞍钢两个心心相印的人来说，那将是人世间最残酷的折磨。

为了追回逝去的年华，为了追回失去的十年教育机会，我与鞍钢都以最大的拼搏精神，奋斗出了自己事业一侧的人生。但同时又失去了生活与人性一面的人生。

在那没有足够的钱打越洋电话的年月，我们只能靠通信诉说情怀。我至今记得，每当收到鞍钢的信，每当读到鞍钢的话："毛毛，救救我啊！"的句子时，我总会泪如雨下。今天，写到这里，我的眼泪又止不住地涌了出来。这种分离的切腹之痛，只有经受过的人方可明白其中的滋味。

什么叫作人间的生离死别？什么叫做把一对相爱的人活生生地拆散？人间还有更残酷的折磨吗？

是我们自己在拆散自己？不是。年轻人追求理想有何错？！我与鞍钢是为数不多的，敢于追求理想，又契而不舍的人。正是在共产党要人为控制一切的社会里，才会有公民受教育的权利被剥夺，才会有十年的读书有罪，才会有十年的上山下乡，才会有像我和鞍钢这种不屈者的奋起直追。才会使我们这种强者在奋斗中备受心灵和情感的摧残与折磨。

秦观的诗词曰："两情若是久长时，又岂在朝朝暮暮"。人们在赞赏秦观反正常思维的诗句时，可曾想到那久长的情感在饱受着何等痛苦的煎熬，和朝朝暮暮思恋之苦涩？又可曾想到，那久长的情感所失去的，要比得到的多？

秦观又曰："金风玉露一相逢，便胜却，人间无数"；我宁可做凡人在世间"见面无数"，也不愿做神仙去领略一年一度的"金风玉露"。但是现实却是，共产党就是王母娘娘，用专制的玉簪画出了一条天河，把我和鞍钢逼成了牛郎织女。而且更有甚者，那是两年一度才能够见面的"银汉迢迢暗渡"。

含泪写完对当时的记忆，多么期望时间永远停留在那一刻，我和鞍钢永远真诚相爱，地久天长啊！

正是我自己所经受的一切，使我更坚定地意识到，中国一定要走向民主，中国不能再回到专制的道路上。

3.6 大年夜的鸡汤和一碗炒肉丝

1984年教委的全国研究生入学考试日子是正月十五。所以，那一年鞍钢父母家的除夕年夜饭，我破天荒地没有去掌勺。这是自从认识鞍钢以来的第一次。我和鞍钢的母亲说，"实在对不起，我白天要工作，只剩两个星期晚上的复习时间了。我今年不能来做年夜饭了。"

大年初一，二弟妹来了电话，讲述了前一天晚上发生的事情。

因为我没有去烧饭，二弟妹和三弟妹两个人做了年夜饭。等到开饭，鞍钢的母亲不让二弟妹端上已过炖好的鸡汤。等到饭吃的差不多了，鞍钢的母亲给丈夫，小儿子和她自己一人盛了一碗鸡汤，然后又叫其他儿子自己去盛了鸡汤。唯独两个忙了一个晚上的儿媳没有鸡汤喝。

鞍钢的父亲有点看不下去了，对二弟妹说："你也去盛一碗鸡汤吧。"鞍钢妈妈听到此话，马上站起身，对二儿媳说："把我碗里的鸡汤倒给你点喝吧。"

二弟妹心里说，"我才不喝从你碗里倒给我的鸡汤呢。"站起来，离开了桌子。

我想，如果我在，这事不会发生。我会把鸡汤端上桌，每人都能喝。此时，我问自己的问题是，为什么没有一个儿子肯为自己的妻子被不公平的对待发声？鞍钢也在，那为什么不能站出来说句话？

记得一次二弟妹对我说，她宿舍里的同学都知道她有一对非常不讲理的公公和婆婆。我说，我不和别人讲我公公婆婆的事，因为如果我讲，在中国这种封建环境下，别人会认为我做晚辈的不好。又有一次，二弟妹说，"别人都说妯娌不和，我们四个团结的特别紧。每次聚会都成了对公公婆婆的声讨会。"

我第一次听到"声讨会"一词时，噗嗤一声笑了。真的没有想到二弟妹如此风趣。笑后，我不禁再一次想到，为什么鞍钢的父母能够如此持久地不尊重儿媳们？为什么没有一个儿子站出来说句话，来告诉他们的父母不能这样？

如今再一次回头思考这些往事，我想，鞍钢父母的言行就是一种集权与专制的表现。他们用行为告诉每一位儿媳，父母握有决定权，可以做任何他们想做的事，不需要讲道理。道理永远是父母的。你们如果看不惯我们做父母的所作所为，那么我们做父母的就叫我儿子和你离婚，你就会被踢出这个家。我是唯一一个敢对着他们的行为说不的，我的结局早就应该可想而知。

除了对自己的儿媳们想骂就骂，鞍钢的母亲是如何对待自己亲生儿子的呢？记得一天我去鞍钢的父母家，像我每次去他家一样，我不用鞍钢的母亲告诉我应该干什么，看到屋子乱，我就收拾，到了该做饭的时候，我就问，今天你们想吃什么，或提前问，要不要我去买菜。那天，我刚进门，人还站在过道里，鞍钢的妈妈一见我，就开始大哭起来。

"出了什么事？" 我不明白，

"红钢和他的同学来，把我切的炒肉丝全都吃掉了！呜，呜，呜" 鞍钢的母亲接着哭。

"那是我切的大半碗肉丝啊！" 鞍钢的母亲接着哭。一边说，她从冰箱里拿出一只碗给我看。这时，我见到，那是一只盛米饭的小碗。当时的我，还没做过母亲，只是红钢的大嫂。我当时就想："就这么小的一个碗，一个十八，九岁的小伙子吃了都不会够，要是几个大小伙子吃这点肉，还不够塞牙缝的。"

"妈妈，你需要我给你切点肉丝吗？你要没有新鲜肉，我出去买点儿？" 我问，

一听到我同情她，鞍钢的母亲一脸非常痛苦的表情，哭得更厉害了，

"那是我的劳动啊！哇，. . ."

"那我给你买一斤肉，全切了，炒出来，这样你回家就配点菜就能吃饭了，好吗？" 我问她。

终于使鞍钢的母亲安静了下来。

鞍钢的母亲因自己的小儿子吃掉半小碗肉丝都要如此痛哭，不知她是否想过，当她要求我每个周末从和平里坐公交到百万庄或公主坟，为她买菜做饭付出的劳动吗？和被逼迫当中的感受吗？不知她是否想过，她逼其他儿媳们为她无偿劳动的付出和感受吗？共产党口口声声指责资本主义剥削，我想，资本主义使用工人工作，但是资本家会按劳动计时付工资。如果在美国，企业不付工资会导致法律诉讼，一个公婆逼迫儿媳们无偿劳动同样违反劳工法律。即使用亲戚在家看孩子也必须付工资。共产党人使用强权去强迫别人为他们服务，并且分文不付，抹杀别人的劳动价值，比资本主义更要邪恶万分。

共产党人以消灭私有制为幌子，把所有私人财产归于政府名下。党国的各级官员进而把国有财产窃为己有的同时，把中国百姓的人权也归于当权者所有。中国百姓在党国的驯化下，不知不觉地也效仿。如今连博士导师，这些所谓受过高等教育的学者也在强迫研究生为自己无偿做家务，实在可耻。

今天，在成为了母亲后，回想到这段往事，我更加不得其解。如果我的儿子从学校带回同学想吃东西，我马上给做。吃的越多越好。吃的越多我越高兴。都吃了才好，都吃了再做。天下怎么会有这样自私，懒惰之母亲，连儿子吃点肉丝都要受不了而大哭，不可理解。

3.7 "这种女人，早就应该离掉！"

1995年春节前夕的一个周末，我和鞍钢一起去滑冰。到了冰场，鞍钢换了上了冰鞋，走下冰场开始滑了起来。我也穿上了冰鞋，走上了冰场。脑子里突然闪出个念头，不想滑了。我滑了两步，对鞍钢招招手。鞍钢滑到我面前。我说："鞍钢，我今天不滑了。"

"为什么？"

"这个月我还没来例假。万一怀了孕，我摔在冰上，使孩子受损伤，可不行。"鞍钢两眼愣愣地看着我，好像根本也没明白过来。他说："是吗？不滑就不滑。"

我说不滑了，就是不滑了，掉头回到冰边上，脱下冰鞋，看着鞍钢滑。

在接下来的星期里，我去医院做了检查，没想到，我真的怀孕了！

自从1983年与鞍钢结婚，已经过去了将近12年。期间我和鞍钢在美国生活的日子里，一直没有怀上孩子。我和鞍钢曾一起到医院检查，但因为要回国，也就不了了之，没有查出原因。回国后继续检查，发现我有子宫肌瘤。我和鞍钢终于可以长相守，并且有自己的孩子了。能有什么使我更高兴的呢？记得那天从医院回到家，一进门，就朝着正在写作的鞍钢大声说，

"鞍钢！告诉你一个好消息！"因为早上出门时我已告诉鞍钢我要去医院检查是否怀孕，我想，我一说这话，鞍钢肯定会非常高兴。

鞍钢转过身来，脸上没有任何喜悦和兴奋。我眉飞色舞说："鞍钢，我怀孕了！"我笑着，等待着鞍钢会站起来和我一样兴奋，给我一个拥抱。

"咱们哪来的时间啊！"鞍钢没有笑，也没有起身，转过身去继续他的写作。我当时不明白，为什么会没有时间？有孩子和没有时间又有什么关系？

当时的我太天真，只知道自我沉浸在怀孕的喜悦中。没有进一步思索为什么鞍钢对我怀孕根本不感兴趣。也没有进一步询问鞍钢为什么他对我们将有自己的孩子不感兴趣。

我把消息告诉了鞍钢的小叔叔和小婶婶，小婶婶和小叔叔都非常替我高兴。他们在电话那一头不停地嘱咐我，少干活，注意休息，别净只想着鞍钢，不管自己，……，婶婶没完没了地叮嘱我。就像是我的妈妈。

鞍钢的母亲知道后，说了一句话：

"你别耽误我儿子。"

我听了婆婆的话自然心里不高兴。孩子是我和鞍钢的孩子，怎么会耽误鞍钢？当时的我太天真。根本没有想到鞍钢本人以及鞍钢的父母心里真正的算盘。鞍钢的人生目的和他父亲母亲的一样，就是全力以赴向上爬，出名。家里的人只是鞍钢事业成功的垫脚石。任何人不能占用胡鞍钢的时间。此时鞍钢父母要胡鞍钢所做的，就是不考虑任何代价出名。

什么样的父母亲会如此干涉自己儿子与其家庭生活。把儿媳妇怀孕或有孙子都视为要耽误他们儿子的前途。一对父母要专制霸道到何种地步才会如此行事？一对父母要对名利疯狂到何种地步才会如此蔑视儿子的家人？！

春节到了，我和鞍钢一起去看鞍钢的父母。去之前，我心里就想，今天我还能做饭。初期怀孕的我虽然也会感到恶心，但恶心的程度还没有到我不能忍住的地步。恶心的程度往往是越到傍晚越厉害。因为我们是一早去看鞍钢的父母，所以我觉得我不至于恶心到连饭都做不了。

鞍钢的父母住在二楼。我们敲了敲门，鞍钢父亲出来开了门。我和鞍钢一边进屋，一边给爸爸拜年。我们把礼物拿到客厅，只见鞍钢的母亲正坐在沙发上。

"妈妈过年好。" 鞍钢和我抢着说。鞍钢妈妈基本没有笑。鞍钢和我把礼物打开，把吃的东西拿出来。大家一边吃，一面聊天。

鞍钢的父母已知道我怀孕了。这次，他们是知道我怀孕后第一次见面。鞍钢的母亲只字不提我怀孕的事，倒是鞍钢的父亲和气地说：

"王倩，你身体都好吧！"

"好"，我说。随后，我谈起了在医院的化验过程和自己得知怀孕后的紧张程度。

鞍钢的母亲不说话。

记得那天，我打电话告知怀孕的消息给在上海的鞍钢的小婶婶和小叔叔时，我都能听到婶婶在那一头的高兴的笑声。随后就是反复不停地叮嘱。"王倩，你可要注意休息，这么大的年龄怀头胎，你要小心。你少动些，别净只想着鞍钢，只记得给鞍钢做好吃的，你自己也得吃。"他们一遍遍地重复和叮嘱，就是亲情，就是叔叔婶婶对我的关心。

今天，面对着鞍钢的母亲，我听不到一句关心，叮嘱的话。鞍钢每次只要和他父亲见面，谈论的总是他当时的研究项目和内容。能和他父亲一起探讨有关国情研究，听到他父亲的见解，鞍钢是由衷地高兴。平日时，我会说，"你们谈我去烧饭。"今天，我想，我也放松一下，坐着听他们谈一会儿再去做饭。

"王倩，你去做饭！"突然，一个严厉的声音从我左边传了过来，是鞍钢的母亲命令我去做饭。我原本与鞍钢和鞍钢的父亲在探讨问题，鞍钢母亲这猛地一声叫，使我下意识地抬起头来。我本来是准备来做饭的。此时被鞍钢的母亲这么一吼，心里有些火。如果在平时，看到鞍钢的面子上，我不会讲话，还是会去烧饭。今天，也许是怀孕导致的荷尔蒙变化，我心里真的很火，我说："怀孕本来就噁心，做饭闻油烟，会更噁心。我不娇气，但是，你这样说，我不做。"

自从1981年，我作为鞍钢的女朋友走进鞍钢的家，收拾屋子，打扫卫生，买菜，认真做好每一顿饭。我任劳任怨，从未抱怨过。也从未想到过抱怨。但是，我这么多年真诚地任劳任怨也没有换来鞍钢母亲的最起码的人间亲情。

我想，一个正常的婆婆，会说："孩子，这么多年都是你给我们做饭吃，今天，你休息一下，我来做，不管好吃不好吃，这是我的心意。"但是，我等来的，是婆婆为了表现出她的绝对权势的命令。 在她眼里，儿媳是外人，儿媳是个没有说话权利的奴隶；无论何时，儿媳都必须按照她的意志做事。儿媳没有自己选择的余地。儿媳没有最起码的人权。

这同时也再一次证明了鞍钢母亲的没有教养，没有礼貌，和对人没有最起码的尊重。

听到我的回答，在鞍钢母亲的心目中，无疑是冒犯了她，顶撞了她的权威。

"你给我做饭去！"鞍钢的母亲歇斯底里地大吼起来。

我默默地看着她，不说话。但是， 我脸上的表情在告诉她，"今天，我就是不做了。"

鞍钢和他父亲同时站了起来，对鞍钢的母亲说："我们去做饭。"鞍钢向厨房走去，鞍钢的父亲跟了出去。

我不说话，鞍钢母亲吼声越来越高，"你必须给我做饭去！"

从我进这个家那一天开始， 胡鞍钢的母亲无论如何放肆，耍泼，鞍钢的父亲从不说一句话来制止她。鞍钢也从来不说一句话。今天，还是如此，鞍钢与他父亲在厨房里，厨房里客厅只有两米远，他们听得清清楚楚，鞍钢的母亲在伤害我。可他们没有一个人站出来制止她。

鞍钢的母亲也很清楚。她就是这里的女皇帝。在这里，她已经不讲道理，霸道了四十多年了；她想怎么骂人都没有关系，在这里所有人都得受着。

鞍钢的母亲越骂越来劲。

"你给我去做饭！不做饭你也不用吃饭！"

我实在气得憋不住，说："我今天就是不做。"

鞍钢的母亲站了起来，走到我面前，指着我的鼻子说：

"这种女人，早就应该离掉！"

这话挑战了我的忍受极限。鞍钢是我的唯一，是我生命的全部。一个要破坏我婚姻的人，我是绝对不能容忍的。我没有任何必要与鞍钢的母亲争吵，但我有权利保护自己，我有权利不再听鞍钢母亲的辱骂。我站起身来，向门外走去。走过厨房时，我对鞍钢说：

"鞍钢，我得离开这里，我受不了。你留在这吃饭吧。"说完，我穿上大衣，打开门走了出去。我准备回自己在海淀的家。

我拿起大衣，朝门口走去。我听到鞍钢从厨房走出来的脚步声。我没有停下。鞍钢的母亲还在客厅里吼叫着。鞍钢的父亲见我朝外走，从厨房走出来说："别走啊！"

我眼里转起了泪水，但我绝不想让他们看到我的泪水。我绝不受这种侮辱。

我走到院子里，坐进车里，刚打起火，鞍钢也跟了出来，他一脸怒气，一把拉开车门坐在驾驶员旁边的座上。

"鞍钢，你不用和我一起走，你应该陪你爸妈吃饭。"我说，鞍钢还是一脸怒气，对我吼道："你知道过年这样有多么不吉利吗？"

听到鞍钢的话，我才明白鞍钢是在生我的气。我不明白我做错什么了。

"是你母亲说，这样的女人早就应该离掉。是她在侮辱我，是她要破坏我们的婚姻。"

我没想到鞍钢也在逼我。我受不了了。眼泪成串地掉下来。

"如果我不怀孕，什么事都不会有，我照样会做饭，你妈也骂不着我。"

"是你自己找事，我妈叫你做饭你就做，什么事儿都没了。多不吉利！"

这是鞍钢第一次和我因为他不讲理的母亲与我争吵，第一次为他不讲理的母亲撑腰。

此时，我想到鞍钢在我们共同回国以后说过的一句话。

"毛毛，这回我回来，我发现我变了。以后无论我妈说什么，做什么，你都替我忍着。"

鞍钢变了，鞍钢从维持正义转变到维持权势的利益。

我当时没有问为什么。今天回想是来，我真是应该问。

到此，鞍钢也没有明白他和谁是一家人。从鞍钢成名后，鞍钢的父母认为儿子又从新归属他们了。鞍钢的基因中也有名利狂。这父母加儿子都是为名利而生，为名利而活。为了名利不惜一切。

所以，他们的共同目的是要鞍钢出了名再出名。

3.8 儿媳们的选择

在结束这一章之前,我想到了武汉大学社会学教授刘燕舞发表的多篇有关中国农村人口自杀现象研究的文章,其中包括对已婚年轻妇女自杀现象的调查报告。其中《中国农村已婚青年女性自杀现象研究》详细分析了自 1980 年至 2000 年间,农村已婚女性自杀的直接原因。那就是婆婆的无理辱骂,加之青年女性丈夫不秉持公正,对其母亲专横霸道的维护。结局是,农村已婚年轻女性选择用死进行反抗。下面是这篇文章的链接。

http://www.snzg.net/article/2010/0402/article_18013.html

刘燕舞教授认为这种现象的起因是儿媳在家庭中没有经济地位。并在文章中谈到了 2000 年后,由于受经济地位改变和男女性别失调的影响,媳妇的地位在逐渐提高。

但是,我个人认为,年轻女性的经济独立与男多女少的性别失调,并不能从根本上解决公婆无理对待儿媳的问题。这种婆婆对儿媳的无理欺压,存在着极其深远的社会根源。那就是中国社会的"屈从特权专制","不寻求公正"的传统文化。相对于西方社会的现代文明,这种欺压就是侵犯人权和缺少公正。

中国传统文化是老年文化和权力文化。老年人和当权者根据自己的爱好及利益定规矩,强迫年轻一代服从。中国传统里的对父母"孝顺"的"顺"字,就表明了年轻一代要对父母的任何行为,即无论对错都进行"顺从"。从而父母可以任意耍淫威或者强制年轻一代按照他们的意愿做事情。这种顺从,确切地说就是强迫,是对儿女一辈人权的蔑视与践踏。

中国人民历来希望得到公正,但是公正又是如此地稀缺。所以平民呼唤"包青天"。可是,他们自己,却在家庭内部守护着不讲道理的权威制度与传统。

中国的某些父母,包括胡鞍钢的父母,自认为在人权上高儿媳们一等。这与西方文明中的"博爱"、"公平"、"相互尊重"是公然对立的。美国社会里几乎听不到婆婆与儿媳的冲突,其原因就是两代人，两个家庭在相互尊重人权，凡事公平处理的基础上相互关爱而共存的。这种出自内心的相互尊重与关爱在生活中美好的体现，其质量要远高于中国所谓的"孝顺"。

中国的婆婆们自以为他们有权利干涉儿子的婚姻生活。他们认为自己的儿子，应该听父母的。这种干涉，就是在破坏下一代的家庭。反之，在以基督教为立国之本的国度里，强调"一个人要离开父母。"也就是自己成家立业与用自己的肋条骨做成的妻子成为一体，脱离父母，不再受父母管教。西方世界里，父母没有权利管教成了年和成了家的孩子。成了家的男人的任务之一就是要保护自己的妻子。他们必须明白，世界上第一重要的女人是他们的妻子，而不是他们的母亲。这就是为什么美国社会没有这种婆媳之间逼出人命的事件。这也是中国的封建文化与西方基督文化的鲜明对比之处。中国的封建文化强调过去，进而守旧；西方文化强调尊重、平等、开放、一视同仁。

中国的文化是狭隘自私的文化。中国的父母把孩子养大了也不肯放他们走，永远地把孩子拴在自己把握的缰绳上，认为孩子们永远是欠着他们的。中国父母的爱是占有而不是放手给予自由。这是何等的自私！

在刘燕舞教授的报告里，提到了是婆婆先辱骂儿媳。这种平白无故的辱骂就是不懂得尊重他人，就是侮辱人格，就是儿媳们在家中的人权得不到保障的具体体现。这种婆婆对待儿媳们行为的根本出发点就是极度的藐视人权，践踏人权；就是极权制度在家庭内部的具体体现。中国社会人权得不到保障，不仅表现在社会上，也表现在家庭中。共产党人对人权的迫害随处可见，包括对他们的亲友。

在这种婆媳的冲突中，也尽显了中国男人不追求，不主持正义与公正。他们在尽力维护家长的霸道专制，他们还没有在心理上成人独立。缺少公正是中国社会常态。尤其在共产党专制社会里，政府的邪恶，野蛮与强权更是给家长们做出了不讲道理，霸道，侵犯人权的典范。

在我个人的案例里，没有经济依附的问题。相反是，我供着，养着胡鞍钢。作为一名自己考出去的理工科国家公费留学生，从国外拿了博士学位回国后，还要受婆婆的无理辱骂。我自己的丈夫不但从不站出来说一句公道话，甚至连一句私下的安慰话都没有。没有公义，没有良知；只有野蛮，邪恶与专制。

一个了解我性格的人，根本不能理解为什么我能忍受这么多年自己婆婆的辱骂。按照我的性格，我应该早就不干了。可是，为什么我就这样忍受了呢？因为我爱鞍钢。这就是爱情的力量。为了与鞍钢相守，我甘愿为鞍钢忍受。可是，那个也爱我的男子汉大丈夫，却从来没有把我护在身后，面对邪恶与不讲理的婆婆说过一句："不许你无理伤害我所爱的人！"

面对自己的权利屡次被侵犯，又得不到保障，我们如何面对？我的结局告诉大家，专制者不能容忍反抗者，他们必须维护专制，踢我出局。 但是从相反的意义上来说，上帝给了我能力与机会使我逃离了魔掌，走出了属于自己的人生。可那些农村年轻的妇女们，在绝望中，她们选择以死来抗争。

生命珍贵。公婆代表的是老一代，他们意味着过去。可年轻人像征着未来。

地球的运转，把我们都无法抗拒地带向未来。我们绝对不能让邪恶压制正义，我们绝不能让过去战胜未来！

人类要走向未来。年轻一代一定要珍惜自己的生命，保护自己的生命，在邪恶面前绝不能妥协。一定要活下去，走自己的路。不仅要活着，而且要活得有尊严。

因为只有活着，才能够用我们的力量来创造出一个公平、正义、人权受到尊重的社会和社会中每一个平等关爱的家庭。

因为只有活着，才能看到美好的未来。

第三章初稿完成於 2018 年 5 月 16 日

第四章 离婚的手段

2018年5月9日，在上一章接近完稿时，我出现了胸闷，气短的现象。询问了心脏科医生，医生说我的心脏没有问题，肺部也没有问题，是精神压力造成的。在过去的两三个月里，每天写作的过程中，一直是一边写，一边抹眼泪。即使完成了当天的写作，情绪、思索仍然停留在往事的回忆中。开车时或做饭时，眼泪仍然在往下流。也许，我的神经系统已经承受不了这连续三个月的悲伤和内心的郁闷吧。我按照心脏医生的要求，开始每隔一天做强化心脏的运动，到健身房去爬楼梯机。每天反复五至六次使心脏跳速达到最大心速的百分之八十五。两个星期后，胸闷气短现象有所减轻。今天是6月8日，气短现象基本消失。我重新拿起笔，开始写作。

万恶淫为首。

这是我最不愿意写的一章。这一章所涉及到的事与行为是使我最为厌恶的。鞍钢对我的背叛使我感到羞辱与耻辱。一想到人间最不齿的，已婚人的通奸行为让我有一种要呕吐的感觉。但是，只有把这一切写下来，才能告知世人真相。

近几年，中国官方媒体常把医学名词"人格分裂"代替"道德败坏"一词来描述那些当面冠冕堂皇，背后男盗女娼，丧失人格的党国高官或名人。言外之意是在说，这些高官名人患了精神疾病，从而没有能力分辨对错，做了错事。奇怪的是，既然这些人得了精神错乱，为什么还能继续保持官位。既然得了精神错乱，为什么只知道做坏事，贪污上亿；而不是做好事，比如，拿出自己贪污来的几百万帮助贫困民众。看来，人格分裂是假，道德败坏是真。

明明是人格恶劣，党国偏要把这些人遮掩成人格分裂。

中国有句古语："既要做婊子，又要树牌坊。"就是描述一个妇人，嘴上喊着要遵守三从四德，成为女性最高守节者，从而在贞节牌坊上留名。实际上，每日却做着男盗女娼的勾当。胡鞍钢在他自导自演的整个离婚过程中，把"既要做婊子，又要树牌坊。"演绎得淋漓尽致。

在对名利追求到了疯狂地步的胡鞍钢,不愿花费任何时间精力承担父亲的责任。只想出更多的文章以获取更多的名利,从而与女记者通奸。并违反中国宪法在孩子不到一岁提出离婚。除此之外,还在离婚起诉书上撒谎说,是我不喜欢在中国工作,故而离开中国,导致他不得不与我离婚。

4.1 小三闯到家里

2015年夏天,我回唐山参加西山路小学五甲班毕业五十年聚会。在唐山停留的日子里,见到了一位地震前在新开路上住的朋友。这位朋友是77年以后通过自学考上大学的佼佼者,也是一位报界人士。她对我说,"胡鞍钢现任妻子是新华社记者赵忆宁。"

"赵忆宁"这个名字我有印象。我开始搜索我的记忆。我想起来了,我见过此人一面。如今从回忆第一次见到赵忆宁,才把一件件胡鞍钢的通奸行为联系起来。

为什么对赵忆宁有印象,下面是我见到此人的经过。

那是我孩子两个多月大的时候。那天,我回家进了门。除了表姐在,家里还有一个女人。当我走进家时,此人正好背朝着我,所以我没有看到此人的面貌。但是我很奇怪,什么人会不事先通知一声就闯进家里来。

听到我的进门声,此人转过身来。她个子也许有一米五八。只觉得此人肤色很黑,黑到和鼻子眼睛一样的颜色,以至我从背光处连她的鼻子眼睛都分不出来。

她见我进门,立即拿起桌子上的一个篮子,举到我面前。她不断向我凑近,脸上的两只眼睛在我的脸上不停地上下左右扫动,想把我仔细看个明白。面对那张没有笑容,和一双不停上下扫动的,看样子是想把我吃下去的一双眼睛,当时我在想,"这是个什么人?在我家里要做什么? 要如此无礼?"

由于我从小的生长环境及家庭教育,使我对待人接物都对自己有要求与规范。此时,面对这位女子在我自己家里粗鲁与没有教养的举止,我说:

"你好,请问贵姓?"

对方没有马上回应,篮子也没有向后移动。此时我再看看眼前的这张脸,上帝啊!那是一张自我出生后,第一次如此近距离接触的，此类涂抹浓艳的脸－两条粗眉毛涂得漆黑，眼睑黑绿，两个脸颊上两个大红圈，加上涂得让人几乎要吐出来的血盆大口。这张脸是如此色彩强烈又俗不可耐。此人的素质水平及审美观被其浓烈的彩妆而表现的淋漓尽致，这也是使我记住了赵亿宁这个名字的原因。那天，我没有记住赵记者的五官长相，只记住了那使我这类人震撼的，没有教养的举止和让人无法直视，俗不可耐的脸部色彩。

我的生活圈子子中，还没有见过这种档次的举止和浓妆艳抹之人。

记得儿时家后面的唐山文化宫，每个星期六总会有游园活动，每当有周围村寨来打腰鼓，踩高跷时，那些表演者的脸就是涂成这种样子。用父亲的原话是："纸人纸马的脸"。用我的话是："难看死了。"

我是一个平日不化妆，甚至不用擦脸油和护肤霜的人。如果有特殊晚宴或活动，我只化淡妆。按照我表里如一的做人准则，我不专门去取悦他人，我更不会靠粉饰去取悦别人。

"士为知己者死，女为知己者容"赵女士肯定认为自己的化妆很美。她此番的精心打扮，是为了取悦胡鞍钢。今天看来，胡鞍钢会欣赏并接受此类水平的人，可见其内在素质。这也进一步显示出了，鞍钢为了能够不断攀登名利地位，什么都可接受。

"我是新华社记者赵忆宁。胡鞍钢上回出差身体出事了，我们领导让我送点礼物。我买了水果。"

此时我突然想起鞍钢说过，新华社记者赵忆宁要来和鞍钢一起改稿子。这个赵忆宁的名字经常听胡鞍钢提到，说她是新华社记者。但当时我的理解是这位姓赵的记者是到胡鞍钢的办公室里和鞍钢一起改稿子。因为生态中心的办公楼与我家住的楼同在一个院子里，距离不会超过五十米。我没有想到此人会跑到家里来。她明明知道鞍钢家有新生婴儿。而且，任何有一点教养的人，也不会没有得到邀请就闯进别人家里。

在那些年中，记者都想和鞍钢一起写文章，这样，他们自己可以出名。这么多记者要见鞍钢，但是除了赵忆宁之外，还没有见任何其他记者到家里来和鞍钢一起改稿子的。

"谢谢，"我说。

"鞍钢不在。等他回来，我会转告他。"我接着说。

当天晚上，鞍钢回到家，我告诉他那篮子水果的来历。但我没有对赵忆宁的举止与装扮进行评论。当我和鞍钢谈起那篮子水果时，我也根本没有去注意鞍钢的表情。今天回想起来，我没有评论赵的举止应该有两个原因，一个是，作为基督徒不应该背后议论人。另一个原因，按照我对事物判断的标准，赵忆宁那样低俗的人，每个人都会看得出，包括鞍钢。因为那张脸对我来说，真的是无法直视。这些有目共睹的事情，不需要我来谈论。

那天，我真正需要和鞍钢谈的是，希望他能从此做事考虑到儿子。我对鞍钢说："鞍钢，你能把工作和家庭分开处理吗？孩子刚出生，陌生人进到家里会有我们不知道的疾病。如果有人找你有事，你能不能让他们到你办公室见面呢？并在办公室工作呢？"

我没有想到的是，这位赵记者，在我不在家时，可能都是在我家里和鞍钢一起改写稿子的。

鞍钢没有回答我行还是不行。

第二天，是星期天，鞍钢在周末也不肯呆在家里和儿子共处一些时光。他一早就朝外走，说是去开会。我也没有具体问他到何处去开会。靠近中午的时候，太阳很暖和，我决定把孩子抱出去晒太阳。

儿子自出生就很结实，身板硬朗。两个多月大时，身体挺得很直。那天是我第一次把他抱出房间。小家伙面对阳光，把眼睛首先眯了起来。周围的邻居看到四方大脸的儿子，都走过来逗他，围了一大圈人。儿子一本正经地看着每个与他说话的人。那神气好像在说："你们为什么要围着我？"

我抱着孩子在生态中心的院子里走动，突然看到，一辆紫红色的小小的夏利车停在生态中心的办公楼前。我知道那是赵忆宁的车。此时，我想到鞍钢早上对我说的外出开会的话，原来是谎话。不明白为什么鞍钢要对我撒谎。而且觉得赵忆宁真的是死皮赖脸。当时的我不明白，有那么多的记者，为什么鞍钢偏要选这种素质低下的共事。

那一时刻，我确实出现一个念头。是不是走到鞍钢办公室，问一下赵忆宁问什么如此无耻地缠着鞍钢。但我没有那样做。首先，我想鞍钢在改稿子，那是他的工作，作为妻子，我无权去干涉他的工作。 第二， 如果鞍钢做任何对婚姻不忠实的事，那也是他的选择。道德不是法律，道德是人类在自己脑子里为自己设置的行为界线。我当时没有理解的是，中国的权贵们可以超越法律做任何事情，而不被制裁。胡鞍钢当时肯定也自认为是可以天马行空，不受道德制约。第三，就算是赵忆宁厚颜无耻，也是鞍钢允许她来的。我没有权利去干涉鞍钢的工作。

我当时没有意识到的是，要出名是胡鞍钢做人的唯一目的。所以新华社记者无论多么俗气都没有关系。只要把自己的文章发表了就行。

我抱着孩子走回了家属楼。

晚上，鞍钢回来，我平静地问他，"今天的会开的怎么样？"鞍钢也平静地回答："会开得很好。"那我就问他："鞍钢， 十一点钟时， 我抱孩子出去散步， 看到赵忆宁的夏利车停在生态中心的楼门口。 "

"开完会， 我们就回来改稿子了。"鞍钢自然地说。

我没有再追问，那时的我，百分之百地信任鞍钢。

可我没有想到的是，鞍钢紧接着蹦出来的一句话："赵忆宁说了，咱们家应该买两辆车。"

我一听那话心里就有火，赵忆宁有什么权利管我家的事？ 如果我当时长一点心眼就应该明白，鞍钢和赵有超过正常工作的关系。遗憾的是，我没有长那一份脑袋， 我听了只是生气，也没有回话。

当时家里的所有东西，全是我的工资购买的。当时家里的一辆车，也是我的工资。如果再要买车，也还需要我的工资。所以鞍钢以赵忆宁之口，再要买一辆车。

现在回想起来，家里只有一辆车，如果鞍钢要用，他必须告诉我。 所以我会知道他的行踪。如果两辆车，鞍钢可以想去哪里就去哪里，我肯本也不会知道。

1996 年 3 月，我带着半岁左右的孩子飞到洛杉矶，在王先生和妻子明家里停留了一夜。我与明谈及鞍钢如何在我怀孕及生孩子期间对待我，而且再三说："我到死也不明白鞍钢为什么会这样对待我。"

明听完大声对我说："鞍钢在外面有女人你知道吗？"明曾经是国家科委的英文翻译，对鞍钢非常了解。

可是当时的我真的是不开窍。就是死认定我对鞍钢有多忠诚，鞍钢对我也会有多忠诚。当听到明对我说鞍钢在外面有女人时，我就是不相信，还死护着鞍钢。我大声反驳说：

"不可能！我对鞍钢有多忠诚，鞍钢对我也有多忠诚！"

明被我的强硬声音和阵势噎住了。她睁大着眼睛盯着我说不出话来。如果我当时不是那样斩钉截铁的态度，明可能就已经把她所知道的事情告诉了我。

2002 年在美国，一个住在附近的朋友接待了来自国内做新闻工作的朋友。 他们对来访者谈起了我，当然也就谈起了胡鞍钢的现任妻子。这位朋友过后对我说："国内的记者朋友说， 胡鞍钢现任妻子见了面就盘腿抽烟。大家都讨厌她。"

4.2 不守节的生活

我们这一代人在成长过程中，经历了所有国际共产主义运动，特别是中国共产党政府所设立的非人性社会环境。这种非人性的社会环境，包括从1949年开始到1980年中期的，在大学期间男女不准谈恋爱，夫妻服从国家工作分配，导致两地分居的国家政策。

圣经说，妻子是丈夫的肋骨所做。所以，夫妻实质上是一个人。夫妻应是朝夕相守，不分离。但在中共政府掌权之后，便实行非人道的夫妻政策。大学期间，不准谈恋爱。如果谈恋爱，不仅上学期间会受到惩罚，毕业时，学校一定要把一对相恋的人强行分开，分配到不同的省份，更确切地说是天南地北。名义是："服从党的领导，党叫干啥就干啥。""到祖国最需要的地方去！"…当时政府的探亲政策对已婚夫妻是一年两个星期的探亲假。也就是说，一对夫妻，一年只有两个15天的时间能在一起。可谓残酷，非人性。

中国古代世世相传的牛郎与织女的故事，描述了人们对美好爱情的向往，并揭示了权势的邪恶。牛郎与七仙女冲破天规，相亲相爱，共同生活。玉帝与王母娘娘无视两个年轻人的爱情，用头簪划出一条天河，活生生地把两人拆开。可怜的牛郎与织女，只能每年七月初七才能相会一次。如此残酷无情的神话故事，只有共产党才会如此狠毒地把它变为现实。

圣经是强调人性善良的一面。共产党的理论及行动均为暴力，残忍，仇恨，推崇人性邪恶的一面。为使自身合法化，共产党指责宗教是迷信愚昧。标榜自己是无神论者，言外之意共产党是科学的论证，为魔鬼披上美丽的外衣。对中国人洗脑，混淆概念。

我们这一代，在童年经历了文革，少年时代经历了上山下乡。成为青年后，有了重新读书的机会。如果没有文革，我本应该在二十二岁大学毕业。但当我1977年考上大学，1978年2月入校，真正走进大学的那一天，我已经是近二十五岁。

七七级在1982年2月毕业后，在那个年代，能够考取出国研究生，取得国外博士学位，是当时每个人的向往；也是绝大多数人敢想但常常是不可及的事。一旦考上出国研究生，肯定要出国。

在我出国学习的五年中，鞍钢与我所承受的夫妻分离之撕心裂肺的痛。我至今还记得清清楚楚，每当读到鞍钢的信，那句："毛毛，救救我啊！"的话时，我的泪如泉涌。有什么能比拆散一对夫妻更残酷呢？

如果没有文革，没有十年的教育系统关门，我们不会到三十岁才大学毕业，然后再到国外读博士，我们也决不会因读学位而经历残酷的夫妻分离生活。

共产党的专制制度，是所有中国民众苦难的根源。

在我留学期间，我自己的弟弟和其他朋友都多次告诉过我，他去北京看鞍钢，碰到有女人在鞍钢房间里。我认为，性要求是人生理的正常要求，尤其对一个男人。1985年左右，国人根本还没有能力自己买国际飞机票。也就是留学期间，我自己根本没有经济能力每年买机票回来探亲。当时国家教委的统一规定是两年之后，国家负责买机票回来探亲一次。所以，我和鞍钢整整两年只靠书信往来。在1987年暑假，两年之后，我才得以回国见到鞍钢。那种非人性的痛苦和煎熬，只有经历过的人才能懂得。所以，在长达五年读学位时间里，鞍钢有背叛我的性行为，但是只要他爱我，即使鞍钢犯过错，我也能原谅他。

可是，当我与鞍钢共同生活，并有了自己的孩子后，鞍钢仍生活不检点，保持不正当的性行为，就是极不道德，也是不可原谅的。

4.3 小三打越洋对方付费电话，电话账单

从和鞍钢相恋的时刻开始，我就决心为鞍钢创造"两耳不闻家中事，一心一意做研究。"的潜心研究环境。自一九八五年出国开始，我一直为鞍钢提供了安心做研究的经济支持。使他无须为经济状况担心，也不必为柴米油盐操心。在国外读博士的岁月里，我自己省吃俭用，把钱存起来交给鞍钢。如果时间允许，我会去做意大利语的笔译，口译或者教书。把挣的钱仍交给鞍钢。在上个世纪九十年代，学者争相下海捞钱的年月，鞍钢可以安心继续做他的研究。那正是我所希望的，希望他当时做的国情研究，可以影响当局决策，使中国走向富强，进而走向民主，使中国人民不在承受任何政治运动的迫害与折磨。

记得鞍钢在九零年的一天对我说，"毛毛，我上个星期去会一帮朋友。和我以前做研究的人都下海了，他们对我嚷着说：'老胡！就剩你这星星之火了！你要再下海。就没人（做国情研究）了，'我说：'没事儿，放心吧！有王倩呢！'"

因为鞍钢知道，他无需效仿别人去经商下海。我会全力以赴，尽我所有的力量，保证他能有稳定的经济来源，从而安心做研究。除了为鞍钢提供稳定的经济来源，里外的粗活重活也都是我做。并且认真为鞍钢做好每一餐饭。

因为一直是我在国外工作，所以，不管当年在意大利，还是九二，九三年，以及九六年在美国，任何账单都是从我的银行账号里付，或者是我写支票从我工资的账号上支付。鞍钢从来没有操过心。

一九九六年七月，在我来美后三个月后，鞍钢来美，到了我的工作地点 Mayfield, Kentucky。

我选择住在离公司只有三公里的 "花园公寓"。原因是，做为一名母亲，我需要工作好，也必须尽到母亲的责任。所以，我必须把任何不在工作或不尽母亲责任的时间降到最少。也就是说，我必须把每天开车时间降到最少。

一天早上，孩子有些不舒服，我向办公室请了半天假。上午九点开始，鞍钢在电话周围不停地走动，还不时问我说："王倩，你是不是应该去买菜？"鞍钢问我的前几次，我没上心。当他问了我四、五次后，我开始警觉了起来。朋友明的那句"他在外面有女人！你知道吗？！"的话在我耳边响起。我不说话。时间一分一分地过去，我在沙发上坐下，孩子坐在电视机前安静地看电视。

突然，电话铃响了。在美国，所有电话都是给我的。偶尔鞍钢的父亲会半夜三更从他中国的办公室打来电话。因为1996年，从中国打来电话很贵。没人从中国给鞍钢打电话。现在是白天，有电话也应该是我的。所以，家里有电话，都是我站起来去接。

我站起身来，朝沙发边书架上的电话走去。没想到，鞍钢跳起身，冲到电话面前，抢起了电话。

此时，我明白了，刚才鞍钢想办法把我赶出去，是为了不让我听到他外面的女人给他打电话。这个时间，是我每天在办公室工作的时间。这是他们选好的时间。

我本可以一个箭步冲上去，抢过电话质问对方是谁。可是，我的教养与善良在此时又起了主导作用。我站在电话旁，距离鞍钢约一米半的样子，一声不响，眼睛平静地盯着胡鞍钢的眼睛。鞍钢拿着电话，近十秒，一声不吭。我依旧一动不动、眼睛盯着他的眼睛。突然，鞍钢冒出一句，"刚才出去了。"我继续盯着他。鞍钢一脸紧张，头上在冒汗。他看我在紧盯着他，他的眼睛在打转，想办法对付我和对方。突然，鞍钢说了一句："不知道。"我的眼睛继续直视鞍钢的两眼，他避开我的目光。但他没敢再继续说话。我一动不动地站在原位，眼睛紧盯着他。我心中几次都想到把电话抢过来，质问对方。此时，他又蹦出一句："不知道，"之后，这样的沉默僵持有几秒钟，突然，他把电话撂了。

不到一岁的儿子一直专心地在看卡通。我看着儿子的背影，平静地对鞍钢说："鞍钢，你在外面做这种耻辱的事情还不够，你还会让这种人电话打到家里来？"鞍钢面露窘色，一声不吭。我指着儿子接着说："鞍钢，你侮辱我的人格还不够，还要侮辱你自己的亲生儿子？"

说完后，我走到儿子面前，抱起儿子："你儿子自始至终都坐在这，你要当着面侮辱他。"鞍钢一脸尴尬与负罪感，没有一句话。他在我面前默默地站了两三秒钟，走进了他的房间，关上房门。

胡鞍钢本来等待的，可能是像常人那样，妻子发现丈夫外遇后的大吵大闹吧。胡鞍钢没有想到我对他是平静的讲道理。如果我冤枉了他，他可以解释。鞍钢在整个过程的举止和此时脸上的表情验证了王先生的太太明对我所说的："他在外面有女人！"这句话。

我照样为他做好可口的午饭。鞍钢出来吃饭，没有一句道歉的话。

我没有问他打电话的人是谁。我从心里也不想问。因为我觉得问起来太噁心。做人的最基本的品德是忠诚。对自己忠诚，对家人忠诚。对自己的事业忠诚。对自己的国家忠诚，对人民忠诚。我以自己做人的态度来度量胡鞍钢，当时的我相信他也会对忠诚二字有同样的理解与运用，从而知道对家人的背叛是可耻的。

今天在写这些经历的时候，我想，就是这种事情发生在今天，我还是因为深感可耻而不会问。此时，我给我自己的问题是，我是一个丈夫犯通奸罪的受害者。为什么我反而认为此等事情极端羞耻，连张口询问都不愿意做。可是，真正犯了通奸罪的人，包括胡鞍钢本人及赵忆宁反而是如此放肆，不仅不知廉耻把电话打到我的家里，而且，根本不认为自己有错？

是什么使得中国社会黑白颠倒，是什么使得中国人道德沦丧？以耻为荣？答案是，在共产党的无神论的指导下，在共产党以身作则的伟光正光芒下，经过七十年的熏陶，国人也潜移默化地以耻为荣。

今天，我再回顾过去，我想我对那时鞍钢品行的估计，以及对他的信任是错误的。和胡鞍钢成为恋爱关系的基础之一，也是因为鞍钢的父母也受过高等教育，和我的家庭背景等同。鞍钢的父亲和母亲都毕业于上海交通大学。那时的我，以为鞍钢的家庭和我的家庭，以及我周围的人有着共同的家庭环境，从而对待生活有同等的道德观与概念。现在回过头去看，并不是那样。所受的学术教育和家庭给予的教养是两回事。受过学术教育，并不等于有教养，并不等于有优秀的道德品质。

如果鞍钢有优秀的道德品质，他根本不会背叛他的妻子和儿子。他会知道他做了错事，他应该知道赔礼道歉。

我更没有想到的是，鞍钢与无耻的通奸者的往返于中国的国际电话费，包括胡鞍钢打过去，以及通奸者打过来的 Collect calls（对方付费），每个月都是我在付费。一个人要没有道德到何种地步，才会两个人商量好，打国际长途，然后让妻子付费。

正像我前面所说，家里所有事情都是我操心，鞍钢从来连账单都不会看一眼，也从来不过问。一天，鞍钢突然说，

"王倩，你的支票本子在哪里，我帮你付这个月的电话和其他所有帐单吧！"

我一听非常高兴。说：

"鞍钢，真高兴你帮我付账，谢谢你肯帮我！"

我高高兴兴地将支票簿交给鞍钢。那些天，我一想鞍钢帮我写支票付账，肯帮我分担家务就从心里感到一阵轻松。毕竟在工作上巨大的设计进程压力下，同时孩子只有半岁多的情况下，任何人能帮我分担哪怕一丁点儿压力，我都会深怀感激。直至今日，我还记得当时鞍钢说帮我写支票，付每月账单给我带来的喜悦。

我把支票本交给了鞍钢，鞍钢帮我写了电话付款支票，我也没有问那个月电话费一共多少钱。下一个月也是如此。直到鞍钢住了三个月离开后，写信向我提出离婚，我才回头思索过去发生的一切。我突然想到鞍钢反常地要帮我写支票付电话账单的事。此时，我再找过去几个月电话账单，根本找不到。原来，鞍钢把所有电话账单都给销毁了。我给电话公司打了电话，要求他们把过去几个月的账单及通话记录重新寄过来。

收到电话公司的账单后，我才发现，那几个月的电话账单每个月都在三百九十美元以上。那是在一九九六年，数目之大到不可以想象。我再查看从中国打来与打过去的的电话号，电话号都是通过同一个传呼台打过来的。鞍钢做得很隐蔽。

人要有多么无耻与不道德才会这样做事？我没有想到鞍钢会这样欺骗我。我也为自己的真诚，单纯，为自己对鞍钢的信任感到悲哀。夫妻之间最珍贵的莫过于信任。当信任被一方的欺骗与背叛所打破时，夫妻的信任已不复存在。

查出结果，我也没有打电话过去与鞍钢问个究竟。我相信鞍钢，才会给了他支票簿。让他为我付账单，是我对他的信任。鞍钢对我进行欺骗与背叛，是他的选择。我就是问鞍钢究竟跟谁打电话又会有何结果？就是吵一架会有结果吗？他会就此改变吗？不会。鞍钢是一名成年人。这样做事是他所设计，安排好的。

请问，世间还有什么能比相互可以信任更可贵的呢？鞍钢欺骗我，辜负了我对他的信任，是他的选择。没有人用枪顶着他的脑袋逼他这样做。

就像鞍钢在我怀孕，生孩子时对我精神上的虐待没有歉意；鞍钢所做的这些事，他还是没有道歉。这些都是鞍钢斩钉截铁要做的事。

一个人在得势以后的所做所为才真正揭示了一个人的本性。1996年，鞍钢已经成名，并可以开始挣钱了。此时，他不再需要我为他提供经济环境。孩子对於鞍钢来说是负担。鞍钢没有时间，更确切地说，鞍钢没有为人父的人性及责任感。鞍钢的时间是做研究、写书，在历史上留名；鞍钢的时间不是为尽父亲的责任。

此外，再想一想赵忆宁的丈夫。胡鞍钢与赵忆宁通奸时，有否想过赵某丈夫的感受？胡鞍钢曾经多次提到，赵某和其丈夫在京郊有一个小农场。无耻的通奸不仅伤害的是我，还有另一个家庭。

4.4 离婚信

离婚，是人生中的大事。夫妻两人要离婚，总应该当面交谈清楚吧？可是，鞍钢和我离婚却都没有和我当面谈过。

鞍钢在 Mayfield Kentucky 住了大约三个月，离开我这里去了新泽西州的三弟处；后来又去了康涅狄格州的王绍光处。

在他离开后的第五、六天，我收到他从新泽西州发来的一封信。信是这样开头的，"因为离开的头一天晚上家里有客人，没有来得及和你谈离婚的事。所以，今天写信离婚。"并在信的末尾威胁我说，"不许你把我和你离婚的事告诉任何人，包括弟弟们。"

一个人要藐视人权到何种地步，才会认为有权利让被离婚的另一方闭嘴，不准对方告诉别人他与对方离婚？

今天再次思索当时的过程，可见胡鞍钢本身就是一个践踏人权的典范。胡鞍钢要保住他自己"伟光正"的形象。禁止我对人说，是他在通奸，是他要离婚，从而保住他的完美形象。真正的邪恶可耻。

从鞍钢在我怀孕，生孩子对我的虐待，到鞍钢外面的小三打电话到家里，以至得知他性生活极不不检点。按道理，应该提出离婚的是我，但没想到是猪八戒倒打一耙，鞍钢提出离婚。

在我看来，婚姻是一生一世的。不仅如此，孩子只有一岁左右大。孩子没有做错任何事，孩子有权利得到父母双方的爱，孩子有权利在父母健全的家庭中长大。

公司要求我回到美国的根本原因就是要我参加新产品开发。工作压力，不满一岁的孩子，加上鞍钢要离婚，我内心的压力和痛苦可想而知。

我给在新泽西州的三弟本钢和弟妹打了个电话，三弟妹说，鞍钢要她把给我的一封信送到邮局。我说，那就是这封离婚信。今天回想起来，鞍钢根本就没有把我当人看。一个人丈夫要离婚，不可能不对妻子当面讲清楚。

换个角度，鞍钢也没有脸面当面对我提出离婚。他十分清楚，我养了他十几年，为他创造了不愁吃，不愁穿，静心做学问研究的环境。虽然他心里非常清楚，但是，已经丧失了良心的鞍钢是决心这样做了。

给三弟及弟妹打完电话，我又给四弟妹打了电话，四弟妹在电话里说："都有孩子了，孩子又这么小，提出离婚，太残酷了。"然后我又给当时在加拿大的二弟包钢的妻子打了电话。二弟妹知道鞍钢有外遇，说："真个是连命都不要了。" 大家异口同声地说鞍钢太不应该。

鞍钢的二弟和三弟直接打电话给他们的父母，想要他们的父母管管鞍钢，但他们没想到的是，他们的父母坚决支持鞍钢和我离婚。看来，这一切，都是事先安排好的。鞍钢必须按照他父母的意志，在以名利为人生目标的道路上走下去。

既然是这样，我清楚地对鞍钢说："孩子没有做错任何事情，孩子有权力得到父母双方的爱。你是父亲，你应该尽到父亲的责任。我不同意离婚。"

鞍钢拒不回答我，我坚持不同意离婚。

记得1987年左右，一天鞍钢对我说："毛毛，那天我和我爸的司机聊天，说起离婚的事。我说，和我一起读博士的，妻子在国外读学位的都离婚了。要是王倩和我离婚，我连什么都剩不下；连背心裤衩都是王倩给我买的。"鞍钢接着说："吴师傅赶紧劝我说，现在出新婚姻法了，如果两人离婚，财产要平分。"

我听了鞍钢的话，笑了，对鞍钢说：

"鞍钢，婚姻是一生一世的。 我不会和你离婚的。"

我永远不会因为我在国外读博士，鞍钢在国内读博士而瞧不起他，像别人那样和国内的先生离婚。我永远也不会那样做。

记得还是我和鞍钢在大学谈恋爱的期间，是文革后伤痕文学盛行的时代。因为我的家庭在文革中的悲惨遭遇，只要一看伤痕文学，我就会哭成泪人，几天都缓不过来。鞍钢从此只要看到我手边有文学作品，马上就拿走。非常严肃地对我说："毛毛，你别看！看了又会难受。我不让你看！"

正是由于伤痕文学，一天我们谈到了文革中自杀的人。鞍钢父亲一个非常要好的姓张的朋友，因为不正当男女关系问题，在文革中被揪出来，挨整，他的妻子和他离婚，导致这位张姓叔叔自杀。在讨论完这件事时，鞍钢抚摸着我的手说："毛毛，如果我将来做了那样不好的事，千万别和我离婚啊！""不会的，"我看着鞍钢说："我会原谅你的，婚姻就是相互宽容，白头到老的。"

今天，鞍钢有了第三者，反而是鞍钢向我提出离婚。世道变了，曾经被认为是人间耻辱的淫乱，在当今中国成了权利和名望的象征。鞍钢每次到各省去讲课，回来时会对我说，"给我敬酒的小姐真漂亮."说那句话时是一脸得意，陶醉，又有一种对我瞧不起的表情。鞍钢已经狂妄到了目中无人的地步。我再说什么都无济于事。

写到这里，眼泪又一次次地涌了出来。

2017年夏季，不知道为什么，我惦记起了鞍钢的大叔叔。大叔叔是一位工程师，在我的记忆里，他曾经是无锡机床厂的厂长或是总工。已经好久好久没有和大叔叔联系了，我没有大叔叔的电话号。

我开始在网上查找，查到了大叔叔高中同学聚会的照片和聚会组织人的邮箱地址，可就是没有大叔叔的通讯方式。我没有办法，继续查找，还是查不到。只好给那个聚会组织人的邮箱发了一个邮件，希望他能告诉我大叔叔的通讯方式。等了两个星期，也没有收到回件。我还是不罢休，继续想该怎么办。突然，我想，为什么不给小叔叔打电话呢？小叔叔一定知道大叔叔的电话号。

我也很久没有和小叔叔联系联系了。但是因为小叔叔是医生，我还真的在网上查到了他的联系方式。试着给小叔叔打了电话，几经周折，找到了小叔叔。叔叔婶婶在电话那一头是惊喜，是兴奋。问候之后，我马上问大叔叔近况。

"大叔叔上个星期刚去世，"小叔叔说。

我马上明白了，这又是第六感官在起作用。

"大叔叔去世前的那两个星期，一直在念叨你，'王倩怎么样了，不知道王倩怎么样了。'"

我好内疚，好惭愧。如果前一个星期给小叔叔打了电话。就能够和大叔叔在他走之前通话。他就会放心了。

记得第一次见到大叔叔是1995年去南京出差。那次，鞍钢也在南京。我担心鞍钢累着，因为他当时已经检查出了糖尿病，就让他把行李留下，我替他把行李带回北京。鞍钢的车次和我的不一样。

上火车的时候，我拉着两个行李，走在站台上。突然，我看到大叔叔向我走来。我好奇怪：

"大叔叔，你怎么来了？"

"我不放心你啊，"大叔叔说："我就是担心鞍钢这小子自私，只顾自己。还果真是，让你拉着他的大行李。"

我说："大叔叔，没事，我干惯了，我怕鞍钢累着。"

当时。我怀孕已经五个月。

大叔叔帮我把行李拉上了车，放到行李架上 又对坐在我旁边的人嘱咐，到站帮我把行李取下来。

第二次，是我生完孩子一个多月以后。大叔叔的儿媳和我几乎前后不差几天生孩子。那天，他来北京出差，顺便来看鞍钢、新出生的孩子和我。当他走进生态中心的院子，正撞上我。他一愣：

"王倩，我儿媳妇还没下床呢？！"

我笑了，说："大叔叔，我满月后就上班了。"

大叔叔一边摇头一边说："王倩，你真是啊，简直让人没法相信，……"

鞍钢和我提出离婚后，不知是哪个弟弟告诉了大叔叔。过了一段时间，大叔叔写信给我。信中说："我去北京出差，特地去见了鞍钢。我去了他的办公室。鞍钢假装看不见我，让我在那里坐了两个小时也不理我。……鞍钢变了……"

大叔叔为了我，在狂傲的胡鞍钢面前，羞辱地，被蔑视了两个小时。胡鞍钢会有被上帝审判的那一刻。

大叔叔，谢谢你，谢谢你的关爱！正像我听到了你的惦念一样，我想，你的在天之灵一定也能听到我此时的声音：

"大叔叔，我一切都好。我永远是你曾经见过的王倩。我永远不会向困难低头，我永远会平静、坚强地去面对风雨人生。一定请你放心！……"

4.5 儿子的肺炎

1996 年鞍钢离开我这里的前一个星期，儿子有些感冒，咳嗽。我对鞍钢说："白天我上班的时候，别把孩子抱出去，再冻出来，会得肺炎的。" 可是，鞍钢就是要把孩子抱出去，鞍钢离开的第二天，儿子开始发烧。而且越烧越厉害，我必须得带孩子去急诊室。

在去医院之前，我给在三弟处的鞍钢打了个电话，告知他孩子烧得很厉害，可能转成肺炎了。我得带他去医院。那一头的鞍钢听了若无其事。当时，我还不知道他已经写好了离婚信。

鞍钢得知儿子得了肺炎，并且知道是他自己把孩子抱出去造成的。可他没有显现出担心或着急。鞍钢心里根本就没有对儿子的牵挂。鞍钢根本就没有一丝父爱之心。在这个世界上，除了名利，鞍钢什么都不爱。

急诊室的医生诊断儿子得了肺炎，必须住院。住院一住就是三天三夜，而且三天三夜连续输液。孩子此时只有一岁，我只能连着三天三夜盯着液体，抱着孩子，同事朋友们知道后，跑来帮我一两个小时，我可以回家洗个澡，换件衣服。因为只有我一个人，又要工作，我真的不知道自己当时是怎么过来的。这三天当中，鞍钢连个电话都没有打。

孩子三天后出院，还是没有痊愈，还要在家继续休息。

这天，住在加州的朋友王先生打来了电话："鞍钢到我这儿来了。我问他儿子怎么样，他说，儿子得肺炎了，在发烧住院。"

王先生接着说，"我立马说，你儿子得肺炎了，你怎么不马上回去抱儿子？他啥也不说，就走了。"

王先生问："鞍钢怎么这样儿？"

我说:"我前几天刚刚收到鞍钢的信。他在信里跟我提出了离婚。要和我离婚了,那亲生的儿子也不要了吧。我没有想到一个人会如此冷酷,没有人性。"

王先生又说:"为什么?这么大的事情就草率地写封信?"

"是的,他可能也是没脸面对我吧!他非常清楚我是怎样对待他的。养了他十几年,为他提供了无忧无虑,做研究的环境。养着他还不算,一千美元一套的西装全买给他。每餐饭亲自买菜,亲手烧好。我们当年穷的时候,衣服裤子都是我亲手给他做的。"

此时,电话那头传来明的声音:"这年头,不要老婆的太多了,可是连儿子也不了?!"可以听出,明很气愤。

我对明说:"几个月前,你告诉我鞍钢有外遇,我还理直气壮地袒护他,我真傻。"

王先生又插上一句说:"鞍钢开着一辆租来的车。"他言外之意是说鞍钢哪里来的钱。

我说:"对。用我的钱用惯了。又拿着我的信用卡去租的车,然后沿途继续用我的信用卡吃饭,住旅馆,游山玩水。都和我提出离婚了,还是在继续用我的钱,涮我的卡,月底我来付账。"

当时是 1996 年。这么多年来,我自己挣钱,养着鞍钢。可我自己,都没有过租辆车大手大脚出去旅游。鞍钢用我的钱连想都不想,是因为我对他太好了。

什么是"男人"一词的定义?男人意味着自立,意味着承担责任。鞍钢靠我养了十几年,鞍钢没有一丝为人夫或人父的责任感。鞍钢不是一个男人。相反,我在承担着一个男人的责任。

我把所有的一切都给了鞍钢。此时的鞍钢,根本不再珍惜我们之间的感情和珍惜我对他的爱。因为,他已经成名了。我对于他来说,已经没有用了。况且,我还带着一个嗷嗷待哺的婴儿。我和儿子对于鞍钢来说,不是他生命中的一部分,而是负担累赘。鞍钢的时间只能用来使他自己更出名，而不是尽人夫或人父的责任。这种一心为革命事业，不顾家庭，不负人间责任的非人性行为，不也正是中共政府对国人从小就在学校里灌输的吗？

我就是再干，干到累死也不是鞍钢此时所需要的。鞍钢此时所需要的是出更多的文章，更出名。他需要帮他出文章的人，而不是用时间关爱他的新生骨肉。况且，今日的中国，厚颜无耻地，为了名利送上门的女人不会缺少。

随后，鞍钢并没有按照他对我说的日期回到北京家里。我给中科院生态中心的司机师傅打了电话。我问鞍钢有没有到，他说鞍钢告诉他4天以后到。我问他家里的汽车在哪里，师傅说鞍钢把车停在别处，借给别人了，我明白那就是把车放在姘头处了。我对师傅说，鞍钢给我写信提出了离婚，而且，我提到姘头把电话打到家里的事。那头的师傅惊讶地说："他那样的人，（他那个地位的人）不至于吧？！"

为了验证鞍钢确实到了北京而没有回到生态中心而住在了姘头处，我给当时在香港的王绍光打了个电话。我没有告诉王绍光多余的话，我只问鞍钢哪一天从香港离开的。王绍光说前一天。从而，这一切都清楚了。胡鞍钢彻底背叛了我。

下面是我1996年12月2日的日记：

傍晚6点30分， 接到鞍钢电话："王倩，是我！我刚到北京！"

我平静地回答说："你不是28号就离开香港了吗？"

"啊？！我过了几天才回来。"

"不对！王绍光说你28好就离开了。"

"啊？！"对方声音有些慌乱，"我在大姨妈那里住了几天，今天早上回来的。"

> 我知道对方在撒谎，放下电话马上给在上海的胡鞍钢的大姨妈打了电话。大姨妈一听到我的声音就惊叫起来，又听我问鞍钢有没有来过，就更加惊讶地说："鞍钢回来了？我连电话都没有接到。根本没有见到人！"

至此，我已全部明白。

我非常痛苦，无法吃饭，无法睡觉。必须找人说话，否则就像要发疯一样。常常是刚和一个朋友挂断了电话，又得给另一个朋友打，否则，痛苦得无法熬过下一分钟。

我还是给住在康涅狄格州王绍光妻子打了电话，把我的感受和所发生的事情告诉了她。

我当时问我自己，我是否再回中国去挽救这场婚姻？

记得1994年在上海和鞍钢家里人在一起时，我听见鞍钢的小叔叔在对婶婶说，"王倩就是为了鞍钢才回国的啊！"在那个人人都想出国的年代，常人可能不能理解我为什么为了爱情婚姻回国吧！但是，我也没有料想到回国后，鞍钢的变化。

虽然我非常痛苦，但我此时也很清楚。鞍钢已经变心了，况且有他父母坚定的挑唆、推动与支持。我没有他们那么多的心计，回到北京和他们在一起，我只会受到更多的伤害。过去鞍钢没有出名时，鞍钢在他们那里吃口饭都被挨骂，今天鞍钢出了名，儿子又只能是他们的，儿媳只是外人。儿子必须按照他们的安排，全力以赴追求名利地位。儿媳有主见，不听话，不照他们的安排行事，必须撤换掉。

我当年回国是为了一个爱我的丈夫。事实告诉我，这个丈夫并不爱我。我再回去也不能让一个不爱我的人爱我。婚姻不是强求的。

我一生都是站着活着。我不祈求任何人给我施舍。是我养了鞍钢这么多年。鞍钢不感恩反而背叛，是鞍钢的选择。我不会祈求他爱我。爱不是祈求。爱是相互尊重，相互信任。当这尊重和信任不复存在时，婚姻就不再有存在的意义。

我曾天真地想，如果鞍钢说一个对不起，我就会原谅他。我还会回去。可是鞍钢没有说一个"对不起"，鞍钢拒绝说"对不起"。鞍钢是决心做不道德的事。他决心要伤害我。他不爱我。

如果我再回中国，条件必须是鞍钢保持对婚姻忠实。

下面是我 1997 年 1 月 12 日日记中的段落：

"上午八点半，鞍钢来电话，仍要求离婚，说是他把孩子让给我的。还说如果我不同意离婚的理由是不愿意孩子没有父亲的话，那就把孩子让给他。"

鞍钢并恶狠狠地说："就是现在不离，我也绝不与你和好！谁叫你和我弟弟他们说这事？！我不是不叫你说吗？！"真是狂妄到了极点，认为我连说话的权利都没有。只出了一点点名气就认为可以随意欺侮原妻，太没道理！

我又说："鞍钢，这么多年，我这样尽心地对待你，你想一想。"

"我不领情！"他恶狠狠地说。"

今天，我想分析一下什么样的人会不允许被离婚的另一方告知兄弟姐妹或世人他提出离婚。一个专制的暴君，对不对？一个认为自己权利大无边的人？对不对？一个不尊重他人，藐视践踏他人人权的人，对不对？

为什么胡鞍钢不允许我和任何人说他在和我离婚？

首先，就是又要做婊子，又要树牌坊。他胡鞍钢不想让人知道他在通奸，想造成是我和他离婚，而不是他和我离婚的假象。

再者，永远的伟光正。像党妈一样，无论做了什么坏事，错事，不能有反对意见，必须用一切手段使反对意见噤声。保持自身的伟光正形象。

第三，像其母亲一样的不讲道理的流氓地痞本性。流氓本性是共产党人的最基本条件。靠不讲道理维持其统治是最基本的手段。胡鞍钢像其母亲一样把这种手段应用到日常生活中，可谓是共产党员的典范。

最后一点，胡鞍钢是人权的践踏者。他随意蔑视人权，特别是蔑视一个怀孕，刚刚生子的妇女和一个年幼婴儿的人权。他扼杀别人说话的权利，一个不折不扣的独裁者。这也印证了他的话："自由算个什么东西？！"

4.6 MIT – 现实中的陈世美

1997年鞍钢要到MIT做访问学者。绕道Mayfield，肯塔基，再次来离婚，我还是不同意。我出自内心的理由是，儿子有权利有一个完整的家庭。为了儿子我可以委曲求全。我可以再回国，但是，你必须对我说对不起，必须停止一切婚外不正当性关系。

鞍钢随后去了MIT做访问学者。他没有给我他在MIT的联系电话。但我知道他在哪个系。我给MIT总机打电话，再和不同系里的秘书谈，找到了胡鞍钢的办公室电话。

找到鞍钢后，我对鞍钢说，"儿子两岁生日就要到了。我带儿子来Boston给儿子庆祝两岁生日。儿子有权利，父母也有这个责任和义务一起和他过生日。"

"你甭来！"鞍钢在电话那一头狠狠地说。

我一听，火了。你胡鞍钢这么没人性。儿子一岁时，你把儿子冻成了肺炎都不管，自己还去游山玩水。今天，儿子两岁了，你人在美国，你连生日都不肯给他过？又不用你出钱。

"好，"我说，"鞍钢，你愿意还是不愿意，儿子有这个权利。我买好飞机票会告诉你时间。"

那天飞到Boston，鞍钢来机场接我和儿子。我们一同去了MIT。我说："儿子有些流鼻涕，我得带儿子先去一下MIT的医务室看一下病。"

下面是胡鞍钢的原话："**我不知道我的办公室在几楼，你们看完病，就在这儿坐着等我。我下班会到这来找你们。**"

我当时那个气啊，心里说，"你一个大活人，一个中科院自动化所毕业的博士，每天到这里来上班，你连你的办公室在几楼都不知道？你在骗谁？你不就是不想让办公室里的人知道你有妻子和儿子吗？你不就是不认你的儿子吗？"

如果我想做，我可以轻而易举地找到胡鞍钢的办公室。但此时，我做人的骨气告诉我，一定要站着活着。你胡鞍钢不认我和儿子，我们也绝不低三下四地去见你！当年我养着你的时候，你是nobody！"

MIT的楼缝之间空地很小，不到下午四点半就已经没有了太阳，我把所有带来的衣服，毯子全部给儿子包起来。等着胡鞍钢下来。

等到鞍钢下来，我没有戳穿他。我完全可以对他说："鞍钢，我得先问你是不是傻子，你每天到这里来上班，连去几楼都不知道？ 第二，我想问问，你以为我是傻子？你以为我就会相信你？你以为我就找不到你的办公室？你整个儿一个丧尽天良，愚蠢至极！整个儿一个陈世美！"

我希望此书出版后，鞍钢能读这本书，看到这一段。我想鞍钢应该给自己当年的丧尽天良的行为做个回答。

但是我没有说。我想我没有说的原因，一个是不愿意在大庭广众之下进行这种丢脸的对话，二是我心里仍然希望他能为孩子回心转意而留有余地，第三也应该是内心对他的彻底失望。鞍钢已经彻底丧失了人伦道德。在整个生孩子以及离婚的过程中，我们没有一句争吵。我以前是那么注重两人的沟通。但此时我没有开口的愿望。我想，是鞍钢的行为太远离我做人的准则了吧！是我看到他太不可救药了吧！在此时，争吵已经没有任何作用。鞍钢所表现出的，是党国式的伟光正。他胡鞍钢有名，有权利，他可以为所欲为，他想做的一切都是正确的，他不受任何道德伦理的约束。

晚上，胡鞍钢说，他的教授在家里开party，就走了。留下我带着孩子呆在他租住的房间里。他绝不会让他的教授知道他有妻子和孩子。

面对胡鞍钢对我和孩子的蔑视，我问我自己为什么要来Boston。一个女人一旦成为母亲，为了孩子可以放下自己所有的自尊。为了孩子在成长中能有父亲的呵护，为了孩子过生日有父亲陪伴，我来到这里。但这次Boston之行，使我进一步看到了鞍钢良心的泯灭，道德的败坏。这不再是我曾经认识的鞍钢。

我又想到我在意大利留学期间，无论是大使馆，领馆，或者当地意大利政府，或友人聚会，我都会带上鞍钢。那时，鞍钢没有名。但我都会介绍鞍钢是我的先生。今天，我和孩子被鞍钢留在住处，他自己去开 party，鞍钢真是没有良心。

第二天晚上，我和鞍钢到附近的一家点心店为儿子过两岁生日。我为儿子买了一个圆的小生日蛋糕，放到他面前。小家伙好高兴。一手举着叉子，对我笑。我对儿子说："先给爸爸吃一口。"小家伙用叉子铲了第一块蛋糕，认真地奋力抬高手臂，把蛋糕送到鞍钢嘴里。看着鞍钢咀嚼着蛋糕，小家伙低下头来认真地铲第二块蛋糕。突然，小家伙的头一颤，大声说道："妈妈！"

小家伙的小手举起来，叉子上插着他认真切下来的蛋糕，没有给他自己，却像向我嘴边送过来。

我的心，也随着儿子那一声"妈妈！"而一震。没有人告诉他也得给妈妈尝一口。小小的两岁年纪就记得母亲，让我热泪盈眶。至今想起那一幕，仍然让我感动不已。

在我离开 Boston 之前，鞍钢对我说的三句话使我永生难忘。 一句话是："我跟你呆着别扭。" 语气中充满了嘲讽。这句话的意思是，他和小三在一起呆着舒服，和我呆着别扭。一个通奸的男人，比被他抛弃的妻子还要理直气壮。

我想，鞍钢与一个有妇之夫通奸，他们的共同之处就是没有道德底线，他们的共同目的就是没有道德底线地追求名利，

鞍钢的另一句话是："我特别恨你。" 鞍钢说这句话时，我根本不明白。按照我做人的道德准则，如果是鞍钢养了我十几年，我离他而去，鞍钢说恨我，情有可原。但是当我养了鞍钢十几年，鞍钢背叛了我，鞍钢不但不觉得对不起我，反而恨我。为什么？我想不明白。直到我坐下来写出这本回忆录，通过写作过程中的分析与思索，方明白了为什么。

首先，鞍钢的是非概念是其母亲对事物黑白颠倒的延伸。是以自己的利益为主轴，以满足自己的要求为出发点。任何人，只要不满

足他的愿望就是错误的。他恨别人没有伺候到他满意的程度。他看不到他自己自私到了邪恶的地步。所以错误全是别人的。他自己永远完全正确。这是十足的党国伟光正在个人身上的体现。是一个不折不扣的犯了双重人格精神病症状的共产党人。

对于鞍钢来说，所有的道理都是他的。他永远没有错，都是别人的错，所以他恨别人，不恨他自己的过错。

鞍钢恨我，是不是在他的脑海中，无论他如何负我，我都应该忍受？是不是当他和小三通奸，在孩子不到一岁提出与我离婚后，我还是应该再一次回中国去？

我曾痴心的等待过鞍钢为他的背叛行为道歉。如果鞍钢不倒歉，我回去就等于飞蛾扑火，自取灭亡。

鞍钢，我希望你都能明白，你自己的行为导致了婚姻的破裂。应该恨的和悔过的是你自己，你应该恨你自己虐待怀孕生产的妻子，恨你自己没有道德底线通奸，恨你自己极端自私到了无极限的地步，恨你自己对家人的不负责任与背叛。你更应该恨你对名利贪婪成性的父母把你昼夜推向追求名利的深渊。

鞍钢的第三句话，也是大声训斥我的话是说：

"我得有人照顾！！！"

鞍钢在大声吼叫时，他有否想过，刚出生的儿子，更需要照顾？鞍钢有否想过他有照顾儿子的责任？鞍钢有没有想到，一尺多长刀口在身的我也有权利受到到照顾？可鞍钢在这个家庭中，只看到他自己需要照顾。可他却没有任何照顾家人的责任感。一个人要自私到何种地步才会只看见自己，看不到旁人啊！当然，这也和他所接受的家庭教育直接相关。一个极端自私，又不讲道理的母亲，如何期望她能培育出一个明理是非，又处处为他人着想的儿子呢？一个只知道说大话往上爬父亲，怎可培育出一个顾家的丈夫与父亲？

和胡鞍钢相处的近二十年的时间，鞍钢根本没有一个做男人的应有的责任感。在西方社会，作为丈夫，第一责任就是要保护妻子。

鞍钢没有这种意识。当年大学毕业后在北京挤公交车，鞍钢只顾自己挤上车，找到一个宽松的地方，然后朝我嚷："嘿嘿，我这里不挤。"看到我被挤得动不得，就跟没看见一样。

所以，胡鞍钢是一个只对党负责，只对自己名利负责的人。我希望将来党也对胡负责，名利也将对鞍钢负责。

4.7 信用卡

从鞍钢向我在 1996 年提出离婚，到在 Boston 为儿子过生日，再一直到 1998 年，即使鞍钢理直气壮地和我离婚，但还是不停地刷我的信用卡，每个月底，我需要付账。这种情况持续了近两年。在这两年之中，我一直没有说话。原因就是希望鞍钢能回心转意。看着儿子的份上不再离婚。

在对鞍钢的离婚要求说了两年"不！" 以后，我的身体垮了。连续近两年晚上睡不着，巨大的工作量，使得血压增高，心脏不规则跳动。我的身体坚持不下去了。没有健康，我如何继续工作，挣钱抚养儿子？没有健康，我如何将儿子抚育成人？我必须为了只有两岁的儿子活下去，此时，将孩子抚育成人比我希望给孩子的父母双全更重要。我同意了离婚。

那天，我收到当月的信用卡账单，里面又是鞍钢的消费。我到了忍无可忍的地步，拿起电话给鞍钢打了电话。这是自从鞍钢向我提出离婚后，第一次面对他，第一次说出自己心里的话，第一次说出对鞍钢不道德的所做所为的看法。

"鞍钢，这个月的信用卡账单又来了，你还在用我的信用卡，让我为你付账。鞍钢，我养了你多少年了？ 你还没有被养够吗？你都跟我提出离婚两年了，你还在涮我的卡，你还算是个男人？"

电话那头鸦雀无声。

我又说："鞍钢， 我为你做了一个人可以做到的一切。你在我怀孕生孩子期间对我不如猪狗，在外面乱搞女人，你有否扪心自问？ 你违背法律，儿子不到一岁你就提出离婚，为了名利，你连儿子都不要了。你良心何在？你表面上装得正人君子，道貌岸然，背后却是男盗女娼。"

电话那头还是鸦雀无声。鞍钢可能没有想到我会终于把话说了出来。 我的声音哽咽了。我接着说，

"是的,你今天能挣钱了,不需要我了,你需要的是能帮你写文章,帮你更出名的人。对吧?!"

对方仍然是沉默。我想,两年了,我除了不同意离婚,我没有说过话。为了儿子能有一个双亲的成长环境,我一直忍着。今天,我把话一定要讲清楚。你胡鞍钢虽然认为自己有权势,可以随意欺负我,但是我要把话讲清楚。

鞍钢被我问得无语,那么就是说,他承认了。

我又说了一句:"又要做婊子,又要树牌坊。明明是你自己通奸,跟我离婚,却要做出一个我离开中国不肯回去,你不得不离婚的假象,真是无耻至极。我今天跟你讲清楚,停止使用我的信用卡。"

我放下电话。

我深深地吐了一口气,从鞍钢在 96 年提出离婚,已经是近两年的时间,为了儿子,我忍气吞声,丢弃了自己的尊严,忍辱负重地活过了过去的两年。今天我终于把该说的话说了出来。更确切地说,是鞍钢的无耻逼得我说出了这些话。

五分钟之后,电话铃响起,我拿起电话,那头是胡鞍钢。他的声音趾高气扬,穷凶极恶地说:

"我胡鞍钢道德品德优秀,我从没有搞过男女关系!" 我明白了,他胡鞍钢要诋毁刚才的认账。想要继续挂羊头卖狗肉,想在我面前瞒天过海。想在外界保持他的正面光辉形象。我真是感到恶心到了极点。做人会有如此不知廉耻。

"好!"我说:"胡鞍钢,大丈夫做事敢做敢当。你敢做不敢当!你还算是个男人!表面正人君子,背地里男盗女娼,你无耻至极!"

我气得不行，把电话狠狠地摔下。在我自己的办公室里气得坐不下去，走出自己的办公室，在走廊上来回地走着，想把自己的愤怒化解下去。

美国的同事们看到我神色不对，纷纷走出办公室问我发生了什么，我把发生的事情说了。工程部里的同事们，个个都是善良，有道德品格的基督徒，安慰我说，"这个人不好。不用再和他多说；站起来。走自己的路。上帝永远看护有道德的人。"

4.8 离婚法庭，我的衣物，照片

真的不愿意写这些折磨我的过去，但是必须写完痛苦的过去，才能彻底关上通往过去的那扇门，永远也不再会回头看。

我坚持了两年不同意离婚。每当鞍钢打来电话，知道又是来离婚，拿起电话的手都在发抖。两年下来，把自己的身体坚持垮了。晚上根本睡不着觉，血压升高，心脏跳跳停停。可我必须活下去，为了只有两岁的孩子活下去。

我同意离婚。鞍钢在海淀区法院起诉，和我离婚。如果我无法出庭，我必须按照法律程序委托律师。如果要委托律师，我还必须去大使馆进行公证。

我去了华盛顿，在大使馆公证了文件。当然我也必须出示鞍钢的起诉书。在使馆人员问我问题时，我的眼泪止不住地往下流。使馆人员同情地问我："你出来多久了，你丈夫就和你离婚？"

我怎么回答？ 使馆人员想像的和我的情况不一样。为了简单回答 我说："两年多了，但我先生提出离婚也两年了。我的身体垮了，坚持不了了。"

我抹着眼泪，走出了使馆。

开庭那天，除了律师，我的弟弟也去了法庭。弟弟回来说，鞍钢极其狂妄，摆出了连法官也瞧不起的藐视架势，并重复地说：

"我很忙！我今天还有重要的国务院会议呢！"

意思是说，像他那样的高级人物，应该享有特权，免去出庭程序。

中国的法律规定，起诉人在第一次开庭时必须到庭。胡鞍钢表现出来的是他非常重要，他根本不该出庭。他的地位高于法律。

法官要胡鞍钢出儿子的抚养费，胡鞍钢只把他在中科院的工资条拿去，隐瞒了其他的收入。鞍钢在94年，95年，每年在国内，国外讲学都有几万美元的收入。离婚那年是98年。他当然有更多的收入。

　　法官看到中科院的一年的总工资也就是一万两千人民币，法官更清楚胡鞍钢还有别的收入。但胡鞍钢拒绝提供证据。法官就判了每年的抚养费一千二百美元。也就是每个月一百美元。

　　收到弟弟寄来的判决书后，我对弟弟说：

　　"你就告诉胡鞍钢。说，我姐说了，你不是不肯出抚养费吗？我姐有本事挣钱养了你十几年，她也有本事自己一个人挣钱把孩子养大。"

　　签署了离婚证书，我与胡鞍钢从此再无任何关系。

　　弟弟去胡鞍钢处，也就是我原来的家取来了我的衣物。所有的相册，与鞍钢合照的照片全都被拿掉，目的是要抹去历史。我的那么多套意大利制作的衣裙，皮包全都不见了。我自己用意大利羊绒织的漂亮的毛衣，自己用各种漂亮的苏格兰格呢料做的多条冬日的裙子及各种相配的大别针全都没有了。我的衣服，从衬衫，到外套，腰带和鞋子，每一套的颜色和风格都是配套的。我收到的，或是只有一条腰带，没有了整套衣服；或是只有衬衫，没有整套衣服。无耻，真正的无耻。我收到的，全是一些我平时不用的东西。装衣物用的箱子，是我已经扔在阳台上的两只开口破掉的，不能再用的软塑料箱子。看到那两只破箱子，我心中万分感慨。我为鞍钢永远倾尽自己的心血与财力。我给他买东西，总是买最贵的。最贵的西装，最贵的皮箱，做最好吃的食物。今天，我收到的，是鞍钢极其下流女人不要的垃圾。

　　爱情是无价的，人心是无价的，亲情是无价的。我用尽自己的爱、感情与真诚，没有换回鞍钢的爱与真诚。

第四章完稿於 2018 年 8 月 31 日

第五章 河北矿冶学院

河北矿冶学院位于河北唐山，是我和鞍钢相遇，相知，相爱的地方。

1968 年，在经历了三年文化大革命后，工厂停产，学校停课，中国有近两千万城镇户口的初，高中和大学生滞留在学校，无所事事。当时，政府给每个城镇户口的人每月供应大约 26 斤粮食。为了减轻政府供应商品粮的负担，毛泽东把所有这些年轻人注销城市户口，赶到农村。并且，告诉他们："扎根农村干革命。" 也就是一辈子别再想回来。

我於 1969 年 1 月 9 号下乡务农。1969 年 3 月，我开始自学数学，物理，化学和英语。先从初中二年级的课本开始，学完数学，然后物理，再学化学。数理化科目是轮流学，学完二年级的科目后，学习初中三年级的。等把初中的课程学完后，重新回来再学一遍，加深理解。但是英语是每天学习而不间断。

正是手中的书，伴随我度过了那没有人生希望，理想不能实现的极其痛苦的日日夜夜。手中的书成了我最好的朋友。

因为家庭出身，我在文革中受压了这么多年，1977 年的高考，深知自己是在社会的最底层"黑帮的狗崽子"。我没有填写任何省外学校，只报了省内的三类学校，当时的担心是，恐怕三类学校都会因为政审而不会让我上。

记得当时已经是 1978 年的一月份，很多人收到了大学通知。弟弟已经在收拾行李准备去大学报道了。一天，在公司总部地址工作的好友刘秉静骑车来到我工作的水泥预制件加工厂。他下了车，在车间里找到我说：

"王倩，传达室有一封从矿院来的信。信特别厚，已经放在那里有好几个星期了。"

刘秉静是我的好朋友。他为人正直仗义是唐山当年高知，高干孩子圈儿里众所周知的。刘秉静还怕我不信，又重复一边说，

"王倩，我想替你取了，传达室不让，非要本人取。你赶紧去，都要开学了。"

我骑车去了总部传达室，拿到了信。那的确是矿院来的入学通知书。

那一刻，是我生命的转折点。我终于靠自己走出了人生的第一步。

父亲在我只有七八岁的一天对我说，大学毕业后，1948年，他考取了国民党资源委员会出国留学的第一名。但因游手好闲的大伯不肯卖一间祖上留下房子交一两黄金，转眼到了1949年，政权转换，未能成行。

听到父亲的话的那一刻，我就明白父亲心中有着多少遗憾。同样在那一瞬间，我心中有了一个信念，立志要长大考取公费出国留学生，成为一名博士，替父亲圆他未能实现的梦想。

从上大学的那一天起，我的目的就是考出国研究生，成为专业领域的一名博士。

有关我考上教委出国研究生的24年长征路，敬请阅读我的另一本回忆录《有志者，事竟成》。

5.1 学生会

入学后不久，团委的刘老师来找我，问我是否能够可以担任学生会干部，承担学校社会活动的组织工作。

当时，我已经是学校广播站的负责人。每天安排早间出操播音的广播人员和傍晚广播学生自己节目的播音员，同时选择编辑学生自投稿件和选定每天报纸上的播音内容。

我非常清楚77级的功课繁重。而且，我自学了近9年，盼的就是今天。如果我担任这么多社会活动，会不会影响学习？

我自己没有答案，我也不知道我能不能将社会工作与学习平衡。但是，从心里说，我想做。因为从中学时代的文革期间，由于家庭出身，什么都不允许我这个反动技术权威的"狗崽子"参加。我有能力而无处奉献。今天，终于有了我用武之地的地方。我真的是想做。

我答应了刘老师。

学生会开第一次会议的那天，有在校76级的学生会成员，也有我们77级的新生。是在那次会议上，第一次见到鞍钢。

用刘老师当时的话说："学校把胡鞍钢招来，就是让他专门来做学生思想工作的。" 因为鞍钢来之前是冶金部河北一个勘探队的党支部书记。在那之前，鞍钢在东北生产建设兵团里做连队指导员。鞍钢当时非常有主见，也很成熟。他当着所有学生会成员说"我的目的是来学习的。是要把失去的时间补回来。我不能承担学生会主席的职务，但是如果我必须做，我就只做体育部长。"

学校接受了鞍钢的要求，安排了另一个女共产党员，曾是县妇女主任的女生为学生会主席。

矿院77级招收的人很少。只有三百多人。每个系不到一百人，所以，77级的可以说是互相都认识。矿院当时只有两个人来自北京、家庭又是高干的学生。胡鞍钢是其中之一。

77级学生是1978年二月份进校。正直北方天气最冷的月份。第一次在学生会见到鞍钢后又在校园里见到鞍钢，当时他给我的印象就是一个大庆工人王进喜的装扮，或者说是农村来的要饭的形象。鞍钢头上戴着一顶劳动布的帽子，帽子洗了全是皱，连帽子的前沿也是扭曲和皱皱巴巴的。上身一件勘探工人絷着竖线条的棉袄。下面一条同样又肥又大的絷着竖线条的钻井工人棉裤。那棉袄还没有扣子，就用绳子拦腰系着，那棉裤的超级肥裤腿。形象是要多土就有多土。那时的鞍钢极瘦，两侧脸颊深陷。自小在唐山高知孩子群里长大的我，还真没见过这么不懂穿戴与仪表装束的人。

　　头两个月，因为我和鞍钢在学生会认识，见面会点头说话。有一天，鞍钢在学校里碰到我，对我提起要借一套英语书。我想应该是一套《新概念英语》。那是当时很流行的一套四本英语书。但是又不好买到的一套书。

　　我因为自学多年，入学上英语课的第一天，老师发现了我的英语水平。课后对我说，要对我进行一次考试。通过考试，学校正式通知我大学四年英语免修。

　　77级的学生学习风气极其浓厚，人人都有一定要把文革失去的十年补回来的劲头。因为我的英语免修，给其他77级的学生一种震动。也是一种激励。

　　鞍钢入学前没有学过英语。入学后开始学，这年他已经是二十五岁。今天回想起来，二十五岁开始学一种外语，谈何容易！

　　鞍钢开口和我借书，是因为我们在学生会相互认识。听了鞍钢说要和我借那套英语书，我当时就想，鞍钢离那本书的水平还有相当一段距离。但是，如果是其他同学，我肯定还是二话不说就给了。我有个个性，就是从不把当官的放在眼里。我明知鞍钢是高干，别人可能会专门为他开绿灯或是讨好他，可我就是不吃那套。

　　我很小的时候家里和唐山市副市长刘立国两家住在西山路小二十八号的同一栋洋房里。小学同学里，住在西山路，新开路和凤凰路上的高干很多。高干子女就是和我一起长大的朋友。因为成长环境，我不觉得高干有特殊之处。

我对鞍钢说："你学新概念英语？你还差一段距离吧。"我当时的意思是，你距离学新概念的水平还差一截，还暂时用不上那套书。直接把鞍钢给怼了回去，没借给他。

鞍钢肯定是认为非常没有面子。他在和我谈恋爱之后告诉我说。那天他过后对别人说："王倩这小丫头真厉害，还没有人敢对我这么说过话。从兵团到勘探队，小姑娘们对我都是客客气气的。"

怼了鞍钢后，我们见面照样说话，在学生会里有工作还是照样一起做。工作中不同意鞍钢的处理方式，我还是直接地说出自己的想法和方案。在这当中，我不知道怼了鞍钢多少次。

当时文革刚刚结束，百废俱兴。同学到一起常常谈起祖国的未来。我是个开口就是谈政治的人。学生会里，很多人是党员，他们说话都有约束，不敢讲。我在当时的学生会里是个异类。是唯一一个出自文革中备受迫害，家里没有任何社会关系的臭老九家庭。当谈到对一些政治问题的看法，别人不敢说，我会说。鞍钢也会说，我们经常因为某一个话题争论。争到最后，会找到两个人对问题看法的某些共同点，也有根本就没有共同点的时候。

我们当时讨论最多的是，中国的未来和命运，我们能为建设富强的中国做什么，以及去除专制，走向民主。话题总是很沉重。在当时文革之后，百废俱兴的时代，青年一代真是抱着一腔热血要报效祖国；希望祖国强大，人民安生。我和鞍钢就是因为这些抱负而走到一起的。

就是有那么多社会活动，我的功课仍然很好。鞍钢在大二时也成了班里功课好的学生。说明经过一年多的努力，他赶上来了。也说明鞍钢聪明，脑子够用。

鞍钢做事很有魄力和号召力。每次学生会搞活动，鞍钢总是不知不觉地成了领头人。

当然，同样在这段时间里，在鞍钢也看到，我不是一个温顺的小女孩。我是一个有个性，有思想，有见地；敢说，敢做，有能力；做事说到做到，有独立人格的女性。

5.2 "我不上学了！我去写小说！"

我和鞍钢年龄段的人在 77 级中是极少数。77 级有很多文革回潮中毕业的 73，74 届的高中生，以及以后几年毕业的高中生。每个班也会有一两个老高中生。但是 68，69 届的初中生真的是凤毛麟角。每个系里只有一个或两个。整个矿院三百多名 77 级的学生中只有 4 名 68 和 69 届的初中生。

随着在学生会的工作上的合作机会越来越多，我和鞍钢确实有一种心灵相通的感觉。77 级当时的政策不允许在校学生谈恋爱。团委老师们知道我和鞍钢两个人要好，也是睁一只眼，闭一只眼。有时就是有心为我们留出一起工作的机会。我看得出，团委老师们很高兴看到我和鞍钢相恋，一个原因是我们本身身年纪已经不小了，都二十五六岁了。况且，我们两个都是优秀学生。不仅功课优秀，工作有魄力，而且是两名为学校学生工作做了大量工作的人。

转眼，在校学习都一年多了。暑假就在眼前。一天，我正在学校的林荫路上朝校外走去，只见鞍钢正从校外进学校，我俩相对而行，鞍钢向我走来。当鞍钢走到我面前，两眼看着我，一脸紧张，不自在的样子。他停下说：

"王倩， 我想跟你说点儿事。"

我抬头望去，路两侧的白杨树高大挺拔。密密的树叶遮住了阳光。 这么宽的林荫大道上只有我和鞍钢两人。

鞍钢还是一脸紧张，又说了一遍："王倩， 我想跟你谈点事儿。"

"什么事？"我心里问？我突然明白，鞍钢肯定是要和我挑明，建立恋爱关系。

我心里想。"胡鞍钢，你土不土啊？！两个人要好，心有灵犀一点通不是很好吗？很浪漫吗？ 就这样顺其自然发展下去不是很好吗。 为什么一定要点透了，干嘛要像世俗那样一本正经地建立恋爱关系呢？你土不土啊？！"

我看着鞍钢说："你冷静点儿好吗？"

鞍钢睁大了他那双不大的眼睛，看着我，不知所措。我又把鞍钢给怼了回去。

过后，我对弟弟讲了这件事。弟弟说："姐姐，我们男人得卯足两个星期的劲儿才敢和一个女生表白。胡鞍钢让你一句话给怼回去了。"

我心想："男女之间，这种心有灵犀的感觉不是很好，而且是互相懂得的吗？为什么非要把纸捅破了呢？为什么不顺其自然呢？"

暑假到了，考完试，大家准备回家了。我在回家之前，到鞍钢的宿舍楼找他，想和他道别，他不在，没有找到。殊不知，鞍钢也在找我，也没找到我。两个人对出了。那个时候，没有手机，如果是现在，这种情况绝不会发生。

整个暑假，我还是每天到唐山图书馆学习，也会常常想到鞍钢。但是没有鞍钢的电话，也没有通信地址，只有等到再开学时再见到他。

又开学了，开学那天，我骑着车穿过校园，看见鞍钢在自己走着。我下了车，对他问了声好。鞍钢见到我，走到我面前，正面对着我，一脸严肃，还带着点了不起的神态，突然开口大声说：

"我有女朋友了！"

我愣了一下，这句话是我没有料到的。眼泪瞬间夺眶而出，泪如雨下。

我看着鞍钢，我没想到鞍钢会这样处理事情。用这种方式告诉我，可以说是在伤害我。我默默地摇了摇头，眼泪还是止不住地，哗哗地往下流。

鞍钢接着一本正经地说:"暑假里,我妈托人给我介绍了一个女朋友。"

我一边摇头,任凭眼泪往下流,但我什么话也没有说,转身离开, 骑上车去了宿舍。

我没有再回头看。但我感觉到,鞍钢还站在原处,一动不动……

我没有想到胡鞍钢会这样粗鲁,简单地处理感情问题。但我心里还是那句话:"胡鞍钢,你土不土啊?人与人之间的爱情就这么简单的凭一次见面定了?"

可是,我却无法斩断自己的感情。进了宿舍,还是继续掉眼泪,哭。

第二天,因为开学,要交一,二十块钱的书费。因我当时的经济状况,交书费对我是件大事。可当我们班的另一位女同学马群走进教室时,一看到我,叫开始哈哈大笑,并重复地说:" 你还没钱交书费?"" 你还没钱交书费?"

我非常不解,用一双疑惑的眼睛看着马群。

下课后,出了教室,马群才对我讲出了真相。

原来,胡鞍钢找到马群,问起了我的情况。马群对他谈了一些我当时的生活情况。据马群讲,胡鞍钢说:"没有想到王倩在这样艰苦的条件下生活,从王倩的衣着言行中,一直以为王倩是生活在蜜罐里,是个不愁吃不愁穿的人。"

说到最后,胡鞍钢可能是为了给自己下台,给了马群五块钱,告诉马群替我交书费。我真不明白为什么马群就会接那五块钱。

当马群告诉我这件事后,我瞪着马群说:"你怎么会接那五块钱? 那钱是对我人格的侮辱。他胡鞍钢自己交了女朋友。现在觉得对不住我,拿五块钱来填补我的感情。这是对我人格的侮辱。人的感情不是能拿钱来买的,或是用钱来弥补的。"

王倩|忠诚与背叛

我拒不接受那五块钱。

我从小的家庭环境，父母的教育，使我养成了刚强不啊的性格。我有钱时，花钱是一种享受。我没钱时，是人穷志不穷。我永远是慷慨助人，但是，我从不接受别人的钱物。我把别人的怜悯，视为耻辱。

第二天，马群又来了，这次是一边跳，一边叫着冲进了宿舍，一下跳上了床。一边说，一边哈哈大笑。

"我不上学了！我去写小说！"
"我不上学了！我去写小说！"

此时，我不知道又发生了什么。斜着眼看了马群一眼。我不明白胡鞍钢为什么不找我直接说，是不是怕我又怼他？

马群大笑着对我说："嘿，王倩，胡鞍钢今天又来了。他说："我给见了面的女朋友写信断了。我一定藕断丝也断！我也给我妈写了信。我告诉我妈，我必须藕断丝也断！"

我听了有种哭笑不得的感觉。高兴，是因为我内心不再被痛苦折磨了。鞍钢明白他内心对我的感情。但总觉得这里面有一种凄凉在里面。我说不清楚。是为那位和鞍钢见了面的女孩子感到凄凉？还是为自己？我说不清楚。

马群蹦出一句话："这回，这五块钱能收了吧？"

我说："我不要。"

"那就裱在一个镜框里做个纪念。"聪明智慧的马群加上一句。

最后，那五块钱还是回到了鞍钢手里。

一个星期后，鞍钢对我说，他的母亲要到东北出差，路过唐山，要见我一面。

因为知道鞍钢的母亲也是上海交大经管系毕业的。我事先想像，鞍钢的母亲就应该像我自己的母亲，像所有西山路上我所认识的伯母们，我的小学同学们的妈妈们一样，有教养，知书达理。那天见到鞍钢的母亲，觉得就是个白净的知识分子老太太。

过后鞍钢对我说："我妈妈说：'王倩长得很不错的，很大气。'"

一位矿院年长的同学，也是我们唐山知识分子圈里的长大的朋友，当时就告诫我："王倩，胡鞍钢和你不是一类人……" 我明白这位同学说此话的含义。他是说，我是个纯知识分子家的人，鞍钢是共产党。但是，一个人一经陷入感情的漩涡是不易再拔出来的。

我非常清楚，鞍钢没有我周围成长环境中那些人彬彬有礼的举止与教养。鞍钢很多的思想意识与举止可以称之为大老粗。

因为鞍钢其貌不扬。有些同学曾问我，"王倩，你长得那么好，应该找一个长得帅的。"我也在问我自己，我内心真正追求的是什么。在我心中能引起共鸣的不是表面的帅气。在我心中从来就不追求外表的虚荣。在我心中能引起共鸣的是有理想，有报复，有为国为民的情怀和敢想敢做的人。

在当时，鞍钢是矿院唯一一个敢与我谈政治的人，唯一一个敢与我大谈中国未来的人。我们谈的话题总是那么沉重。是那些沉重的话题把我和鞍钢连在了一起。当然，如果不是在矿院，如果是在清华，我面对的谈论对象可能多一些。那么结局就可能不是胡鞍钢了。但是命运把我安排在了矿院。

和我在心灵上能撞击出火花的人是有理想，有抱负，有闯劲，也有能力的人。我想，心系国家命运，有志向，有能力，是我们相互倾心的根本所在。

也曾有人说，"胡鞍钢挺本事的，把你给追上了。"我会直接回答说："鞍钢没追我，我俩是忧国忧民，一天到晚谈政治谈的。我们两个人就是从心里好。"

和鞍钢交朋友后，为鞍钢去挑选衣料，亲自为鞍钢的每件衬衫配上和谐颜色的裤子及外衣。在那个年代，买不到合适的裤子，就亲手裁剪，缝制。俗语说："人要衣装，佛要金装。"鞍钢从此穿着合体，衣着色彩高雅，外表再也不土了。

鞍钢天生体育素质高。他1米74的个子，大翮马跳高可跳1米52。学校长距离越野跑，总是跑在前面。鞍钢足球踢得非常好，在大学的足球队里仍然踢中锋。一个人独带球横穿整个球场，没人能把球截走。

鞍钢当年体型极棒，宽肩，呈典型的三角形。胸大肌，三角肌，六块腹肌不少任何一块。因为我从小接受体操训练，之后又接受过游泳训练。只有我们体操队的男生和游泳队里的男生各个肌肉矫健，身上没有一丝脂肪。鞍钢是文革后，在不是体操队和游泳队的环境中我碰到的唯一一个体型标准，没有一丝脂肪，肌肉健全的中国男人。

我想热爱体育运动，恐怕也是我和鞍钢的另一个共同之处吧。

鞍钢对中国政治的理解具有天赋。大学里考政治他能考出99或者100分来。每次考完政治，鞍钢会是我们全校77级的谈论对象。大家都不明白鞍钢是如何考的。我们这种本身对政治课就反感的人，就是把卷子写满了也就七、八十分。鞍钢会非常清楚地告诉大家。这道题的要点就是四个。把这四点答上就完了。不用写那么多。

记得我考研究生的前一天晚上，鞍钢说："毛毛，来，我考考你政治。"鞍钢把他认为可能考到的题目都问了我，并告诉我每道题的答案要点。鞍钢可没复习，那些内容他是长记在心的。我听了，但也没有听进去。第二天，鞍钢给我复习的题目全都考了，我还是只考了八十来分。我想，如果鞍钢考那张卷子，他又会考出个99分，100分来。

此时，我想到了人们对鞍钢英语口语的嘲笑。我想如果嘲笑他的人们了解文革中收听英语是"偷听敌台""里通外国"会导致枪毙的话，了解鞍钢从 25 岁才开始学英语，不知他们作何感想。而且 77 级的工科英语，只强调阅读。

鞍钢办事极有思路，讲话很有号召性和鼓动性。一旦学校里有学生活动，鞍钢自然而然地就成了主心骨。记得 1986，1987 年，鞍钢还在中科院读博士。当时博士生的待遇极低。北京各重点大学的博士生希望提高待遇。鞍钢这届博士生，是 77 级经过本科四年，然后研究生三年；是文革后第一届真正的博士生。当时的北京重点大学包括清华，北大，北航，中科院，社科院，钢院，北矿，农大，北工大，北邮等等，把所有这些院校的博士生串联起来后，写了请愿书。我不记得当时是谁写的请愿书了，但是去国务院和教育部谈判，是鞍钢领头。谈判一次成功，所有在校博士生从此增加了收入，改善了生活条件。可见，鞍钢非常有头脑，讲话涉及要点，有很强的 Leadership Skill。

鞍钢的博士论文经过编写出版，书名为《生存与发展》。那是中国第一部有关于国情的著作。为当时中国的决策者们了解中国的各种资源及现状提供了第一手依据。鞍钢也因此获得了国务院授予的有突出贡献的中国博士生称号。

鞍钢写作根本不像平常人那样，需要起草，写完后再一次次地修改。鞍钢常常是在跑步机上跑步，他的打字员在旁边坐着。鞍钢一边跑步，一边说，等到他说完了，打字员也打完了；那篇文章已经写完了。当然，鞍钢曾写过很多实事求是，为国为民，有良知的著作与文章。但不是那些后期的只有论点没有论据，维护当局，溜须拍马的文章。

如果用综合能力一词来描述一个人。鞍钢是个综合能力很强的人。

5.3 双膝瘫痪，理想与奋斗

我与弟弟在 1977 年同时考取了大学。这也就意味着我们没有任何工资收入。入大学后，弟弟和我每月都是靠当时每月的助学金生活。

当时的生活水平很低。矿院的助学金金额为每月 21 元。这 21 元钱需要用来吃饭，买文具和任何救急的生活用品。这 21 元就是只用于吃饭，每天只有 7 毛钱。我早上买一份玉米糊糊粥，一个玉米面窝头和一分钱咸菜。这一分钱咸菜只吃一半，留下的一半当作晚饭的菜。

从上山下乡到进工厂抗 50 公斤一包的水泥袋，再到唐山大地震。我的身体状况一路下降。尤其是唐山大地震之后的卫生环境，使我的身体受到很大损害。慢性肠胃炎一直伴随着我。

三年级第一个学期期末，大家正在总复习的最紧张阶段，那天下午，我在图书馆里看书，背面是敞开的宽大的窗户。因为身体虚弱，读书的过程中，一身一身地出汗。我以为窗户吹进来的风能使我凉快些，但那天到了傍晚，我学习完准备回宿舍时，感到体温升高，发烧。我想站起来，发现右膝盖无力，不管用，站不起来。当时的我，没有意识到事态的严重，更确切地说是病情的严重。我用双臂支撑自己站起来，用左腿拖着右腿，一点一点回到了宿舍。

第二天，我去校医务室看病化验，化验结果显示血沉快，医生断定我是风湿性关节炎，医生要求我尽快住院治疗。我坚持要把所有的课都考完之后才肯离开学校去住院治疗。

我要留在唐山治病，鞍钢全力以赴说服我要我跟他去北京治病。我不想去。我绝不能给任何人或者家庭增添麻烦。这是我做人的准则。我不让步。可是，我发烧越来越厉害。一条右腿也越来越没有力气。

鞍钢看我偏得不行，就说："王倩，你如果不快些治疗，如果终生瘫痪怎么办？"

我没有答案。

鞍钢又说:"没有身体你怎么念博士?。"鞍钢知道我埋在心里最重要的理想。

我不说话,鞍钢最后说:"这样好不好,我现在就写信给家里,让他们提前联系。你到了北京,当天就住院,根本不用进我们家的门好吗?"

那好,只要不进鞍钢的家门,不给他家添任何麻烦,我可以接受。

我带上母亲去世时给我们留下的一些钱,做为在北京吃住以及住院费用。我把用别人的钱视为最大耻辱和对我人格的最大侮辱。我绝不会接受任何人包括胡鞍钢的一分钱。随后,我坐上火车,和鞍钢一起去了北京。

当年的火车很慢,记得从唐山到北京要三到四个小时。到了北京,从火车站到百万庄坐公共汽车又要一个多钟头。此时鞍钢说:"今天去医院肯定来不及了,就得明天去了。"

我想,鞍钢是耍了小聪明,把我给骗到了北京。他明知当天去不了医院,却对我说当天能住进医院。我心里知道鞍钢跟我耍了花招,可明白他是好心。看到鞍钢为我焦急和跑前跑后的样子,我真的不忍心再说他。

鞍钢扶着我一瘸一拐地进了鞍钢在百万庄的家,鞍钢父亲站起来,关切地询问我的病情,鞍钢的母亲一眼看见我的病状,脸色马上沉下来,只见她转身站起,连招呼都没有打,进到里屋,没有再理我。

我心里明白,也非常理解,谁家喜欢一个生病的未过门的儿媳妇?而且可能是终身瘫痪的人?我原先直接就进医院的想法是对的,我没有任何理由去打扰别人的家庭生活。

鞍钢明白她妈妈不欢迎生病的我，整个晚上，不只一次走过来小声对我说：

"毛毛。别往心里去，别难过，咱们明天一早就去医院。"

第二天一早鞍钢与我不到八点就出了家门去了医院。到了医院，挂号，看病；然后血液化验。给我看病的医生，一看我的化验结果，马上说，你得马上住院。当天我用自己带来的钱，付了看病的费用和住院押金。住进了友谊医院内科病房。

因为我不能走路，鞍钢从一早开始，不仅要搀着我，帮我走路，而且在做着所有事情，挂号，去住院部办理各种手续。当鞍钢扶着我走进病房后，看着一头汗水的鞍钢，我心里不知道有多心痛。

"鞍钢，对不起，真的是对不起，让你这么费心劳累。"

鞍钢站在床边，非常可爱地对我微笑着，一句话也没有说。我真想紧紧地拥抱一下鞍钢。那个年头，恋人在公众场合拥抱是不允许的。我明白鞍钢，那时的鞍钢，是真正地心痛我。

那个暑假，我和鞍钢本来都计划开始复习，在77级毕业前参加研究生考试。因为我病倒，鞍钢自己开始复习。

鞍钢每隔两，三天就来看我，而且还会带来做好的菜。从百万庄坐公交车常常要两个小时。大夏天车里没有空调，那个时候的77级学生，珍惜每一分钟。鞍钢在坐车的过程中，抓紧每分每秒复习功课。

八月底，学校马上要开学，鞍钢要回学校了，我的病情有所好转，膝部红肿疼痛减轻，可是右膝还是没有力气站起来，医生说，大概还需要两个星期。

鞍钢那天再三叮嘱我："出院后，在我家住两个星期，爸爸把爷爷和奶奶接来了。爷爷是老中医，你吃两个星期的爷爷的中药，补一补气血再回学校。彻底养好了在回学校。"

鞍钢又说："在我家住的时间里，无论我妈说什么，你都别往心里去。你也别和她计较，就两个星期。好吗？你一定得答应我，"

看着鞍钢那双真诚与期望的眼睛，我满眼含泪，双手捧着鞍钢的脸。是的，面对鞍钢的一片真诚，我绝对答应鞍钢。如果按照我做人的准则，我不会那样做，我不会去在别人家住上两个星期。

鞍钢的爷爷和奶奶是两个慈祥又充满爱心的老人。爷爷的医术极高。我吃了他的三副药，就马上觉得身体有力气了。鞍钢的爷爷和奶奶在我心中就是我的亲爷爷和奶奶。

鞍钢毕业前参加了77级的研究生考试。考上了北京钢铁学院，也就是今日的北京科技大学，冶金系轧钢专业的研究生。像所有77级考取研究生的人一样，鞍钢没有参加毕业分配。当年矿院77级考取北京院校研究生的只有鞍钢一人。77级的每个学生都是好样的。每个人都是为了学习在拚命。到毕业时候胆敢报考研究生的，是每个班里的佼佼者。82年能考上北京重点大学研究生的77级，是好样里头的好样的。

我在重新站起来之后，在九月的第四个星期回到了学校。我的体力再也没有恢复到生病前的状况，所以在82年没能参加研究生考试。

我从1983年开始复习，参加了83年的全国研究生入学考试，没有考上。我继续复习，於1984年以总分第一的成绩考取了中国矿业大学北京研究生院机械系的出国研究生。关于我历经二十四年的求学之路，敬请阅读我的另一本回忆录《有志者， 事竟成》。

第五章完稿於2018年9月15日

1993年鞍钢回国前在美国肯塔基帕度卡机场

1994年5月27日攝於上海閔行。

1995年初在颐和园

第六章 过后的思索

日月如梭。

从1998年签署了离婚协议后，已经整整过去过去了二十年。

一些没有离婚经历的国人对我张口就说，"都二十年了，早就该忘了！"

一位美国同事在谈起他九十岁的母亲时说："上个星期，我妈妈在谈到六十年前我父亲背叛她的事时，情绪还是那样激动。这种伤害是一辈子也抹不去的啊！"

这位美国朋友说得很对，任何一个在婚姻中被背叛的人都知道，这种伤害是永生的。

做为一名女性，我心中的爱情是如梁山伯与祝英台般的忠义感天地，魂魄化彩蝶的爱情。山伯与英台彼此忠贞不渝，不离不弃，跨越了生与死的界线。他们的爱情里没有金钱和物欲的杂质，完全出于对彼此品德和才华的敬重、敬爱和珍惜，达到了精神上的纯粹和极致。

人间的真情本应是诚挚、无私、纯洁、忠贞，梁祝守护住了这些上天赋予的美好品性，因此能感天动地。上天看重这样的生命，于是成全了他们，给了他们一个美好的结局 — 最终相守相依，不再分离。

6.1 走出离婚阴影

人生只有一次，真爱也只有一次。当我真心地爱过一个人后，我真的是不知道如何才能走出痛苦。

离婚初始，一提到鞍钢，我全身都会发冷，发抖，起鸡皮疙瘩，眼泪会控制不住地倾泻下来，然后连续几个夜晚睡不着觉。

我不知如何来解脱痛苦，书一向是我最好的朋友。我找来一本本的离婚咨询书。想通过阅读，为自己找到解脱方案。

读了几本此类的书后，没有觉得对自己有多大的帮助，但有一本书谈到，一定要使自己的痛苦完全平静下来之后，再重新开始新的生活。

对这句话我感触颇深。我想到了唐山地震之后，很多家庭都是在夫妻一方震亡后，在短时期内组合的。随后不久，这些仓促组合的家庭再次经历离婚。

这以往的见证说明，当一个人的内心有一个碗大的洞时，那种流着血的痛是令人窒息的。如果一个人怕痛，随便抓到任何东西把那洞口塞上；那样做，确实可以暂时减轻一下痛苦，可从长远来看，会导致更大的危机或痛苦。

当一个人处在极大的痛苦之中时，思维的着重点往往是解决疼痛，而不是分清事物本质。在痛苦占上风时而急于行事，人们常常只看到事物的表面，根本没有分清那件东西或那个人的本质是不是真正适合自己。所以，一定要等到冷静下来，伤痛平复下来再仔细认真地进行选择。

那本书还提到，离婚或丧偶的痛楚，一般要两到三年才可平复。我当时以为真的只需要两到三年。

时间是最好的心灵止血和止痛药。我的心每天都在淌着血。就这样，每天比前一天少淌一丝血，前后不是用了两、三年，而是用了整整十三年，那是 365×13 = 4,745 天。

时间止住了我心中的流血和刀割般的疼痛。

13 年后，再说起鞍钢，我不会发抖了，我不会瞬间流泪了。

我终于走出了离婚的阴影。

今天，回想这些往事，当谈到鞍钢无视儿子的存在，不来接儿子出院时，我仍然非常气愤。但谈到鞍钢对我的伤害，问我恨不恨他，我的回答是不恨。一切都已是过去。

我为鞍钢所做的一切都是出自我的内心，都是我自愿的。在一个人需要帮助时我帮助了他，是件好事。我从不寻求回报。鞍钢在我一尺多长刀口在身时，对我的蔑视，厌恶，虐待，是他的选择，也是他成名后本性的真正流露。

我与鞍钢是两个有着不同道德伦理基准的人。今天，回过头去看，一个以人性为本的人与一个与名利，党性为本的人是不可能对事物有相同的处理方式的。

周围的一些中国朋友会时不时地问我："你是不是应该再找一个人，做个伴儿。" 随着年龄的增长，安全问题日益重要。万一出现措手不及的病症，如果有人在身边，及时打 911，确实可捡回一条性命。

但是，这种事情，是可遇而不可求的。除了机遇，我心中还有一种障碍。

记得上个世纪九十年代后期在 Mayfield, Kenturcky，每个星期五，我们离心机集团工程部的全体工程师会一起出去吃午饭。午饭期间，我们大家只谈工作以外的事情。

那天，一位白人工程师同事对我谈起了是否再次考虑婚姻的问题。我直接讲出了心底对婚姻的恐惧。

我说："我不敢再让任何人靠近我。我担心，一旦我睡着了，这个人会把我掐死。"

听后，这位美国同事顿时善意地大笑起来："倩，我们可没有这么坏啊！"

"是的，我知道，" 我说，"但是我无法抹去一个人的背叛在我心中产生的恐惧。我无法再去相信人。"

也许是我做事总是全力以赴，也许是一个女人在怀孕和生孩子期间特有的荷尔蒙状态，鞍钢在那特定时段里对我的伤害与背叛，才会在我心中产生如此深刻的恐惧与伤痕。

今天，我是一个经济与情感上真正独立的人。我感谢上帝让我彻底地从感情生活中走了出来，我在情感上不依付於任何人。

身边的美国白人好友长提醒我的一句话是："倩，你有一份非常好的工作和收入，你行动敏捷利索，千万要小心，有些男人想找你去伺候他。"

是啊， 这些朋友们说得很对。

爱情不与物质相连，爱情是两个灵魂撞击出的共鸣与火花。如果上帝知道我此生还会遇到一次心灵上的伴侣，世上还会有一个人真心心痛我，爱护我，上帝会安排这个人在我人生路上的某个地方等待着我。上帝会帮助我克服心灵深处的恐惧，重新给我相信人的勇气。

一切由上帝来安排，绝不刻意去追求。

但是， 如果那一天真的到来， 我肯放弃自己拥有的这份自由吗？这份自己拥有的情感上的自由，行动上的自由，经济上的自由。

自由是何等的可贵，父亲把这自由的灵魂遗传给了我。我是如此热爱自由，珍惜自由。

6.2 鞍钢真的想见儿子吗？

美国是个民主，自由与保护人权的社会。在美国，人人平等，相互尊重。就是总统，对人也是用平等的声音说话，商讨问题。

反之，专制社会走出来的人自认为自己有特权，高人一等，藐视他人，认为天下任何人做事，都应该以他们为中心，都要以他们的意志为转移。在他们眼里，他人没有任何权利决定事物。他们以教训、训斥人的口气说话，以武断方式行事。这种行为，在民主社会被视为傲慢，无理，没有教养。所以，当中国人在世界各地无理霸道时，他们自己可能认为自己高人一等，孰不知是显现他们本人的没有教养，是以耻为荣。

2011年的三，四月间，胡鞍钢在宾州生活的小弟送来邮件说，鞍钢想要在六月份访美时看儿子。此时，儿子已经上完高三，再上一年高中就升大学了。从儿子只有六个月大至今，身为单身母亲的我感到，无论多难多苦，我都做到了。无论多苦多难，我一个人把儿子抚养成人了。胡鞍钢想来看儿子，没问题，可以见。

我和儿子谈了鞍钢要来看他的要求。

高三学生是美国学生在上大学之前最辛苦的一年。这一年，他们要准备考SAT、参加各种课外活动包括体育比赛、做义工和学校要求的各项活动。儿子当时在国际IB高中，学校和毕业要求比普通高中多，所以，我每天下班后，都得带儿子参加他的各种体育比赛或其他必须完成的学术活动。家中有一名高三的学生，家里的一切活动都是以他为中心安排的。

记得鞍钢的小弟先选了六月的一个日子，我问了儿子，又查了儿子活动安排，就回答鞍钢小弟说没问题。几天之后，儿子回来说，因为他的足球队赢了一系列比赛，本来可以空出来的周末变成要去比赛。高中球队比赛结果非常重要，因为申请大学的履历上极看重体育成绩。那我就告诉鞍钢的小弟说，原来定好的周末不行了，因为儿子的足球队要比赛。这样，就朝后推了一个星期六。

结果，隔了一个星期，儿子又说，定好的星期六又有活动。原以为，那天是星期六，学校没有事，可是因为儿子是优等生，学校要求所有高三优等生参加高四毕业生的典礼，这些高三优秀生，不仅要帮助准备会场，在整个典礼过程中带队，还要在会后搬动桌椅，清场。

那好，我就再一次通知鞍钢的小弟，儿子那一天要参加高四毕业典礼，时间又不对。

没想到收到的是鞍钢小弟的训斥："你什么意思，你改了几回日子了？！"

我没有说话，我也不想解释。

一个有自由，民主，平等概念的人，一个懂得尊重别人的人，不会这样讲话。

鞍钢的小弟说，就是不改鞍钢的行期了。此时，我问："既然鞍钢要来看儿子，为什么不在附近的旅馆里住上一个星期？这样，可以和儿子一起去看电影，一起去打高尔夫球，一起去吃饭，从而可以相互了解。也就没有这种儿子总有活动的冲突了。"

对方不做声。

我又问，鞍钢要来几天，对方是沉默，不回答。

既然我不能被告知鞍钢的行程，而且鞍钢只能是在儿子参加高四毕业典礼的星期六才能来，我只好问儿子，"毕业典礼几点结束？你几点能回来？"

一个城市的所有高中毕业典礼都是在周末那几天举行。而且都是借用市内不同的体育馆。一座体育馆是每天两场毕业典礼，上午一场，下午一场。儿子学校那一年定的是下午，毕业典礼下午两点开始，至少三个小时，也就是五、六点左右结束。估计儿子在七点钟左右能回来。

我将我估计的时间告知了鞍钢的小弟。

记得那个星期六,大约下午三点半左右,我收到鞍钢小弟打来的电话。鞍钢与他小弟在下午两点左右飞到这里,然后到了离我住处大约五、六公里的一个购物中心, 坐在 Panera Bread 里面消磨时间。

我说:" 好,等儿子回来后,我开车把儿子送过来。"

快到六点钟时,我给儿子发了短信,告诉他,鞍钢已经到了。我问儿子,几点能回来。儿子回答说,他们还在收拾会场,不知道几点能干完。过了一会儿,我又问儿子,儿子说,他要和大家一起到外面去吃饭。

此时,我听到了隆隆的打雷声。朝窗外看去,漆黑的乌云从天际边,黑压压地压了过来。

我马上给鞍钢的小弟打了电话。我说:"可能要下雨了。而且 Panera Bread 会很快关门。你们不如到马路对面的麦当劳去等,因为麦当劳要到凌晨两点才关门。到那时孩子肯定会回来了。"

此时,狂风大傲,电闪雷鸣。

我再次给儿子发短信,儿子说再有十几分钟就会到家。听了儿子的话,我想,我的车已经停在车道上,我坐在车里等着,一旦儿子回来,他马上能跳上我的车。我们就可以走。

我顶着狂风和噼啪作响的大雨点冲到了汽车里,等着儿子的到来。风是如此之强烈,掉下的树枝砸得车顶砰砰响。抬头望去,一道道闪电直接打到百米外的路面上。雷声大傲,震天动地,我在这里生活了十几年,还从未经历过如此凶狠恐怖的暴风雨。

我意识到,坐在车里时刻有被大树枝砸中或是被闪电击中的危险,不能在车里继续停留。

我打开车门，在暴风雨中冲回家门，坐在玻璃门后面继续等儿子。

为了准备儿子与鞍钢见面，我曾经问过自己，儿子与鞍钢的谈话主题是什么，如果没有设立主题，鞍钢会不会又一本正经地，居高临下地和儿子大谈国情研究？

我和几个美国朋友谈论这个问题，一位朋友为我出了个很好的主意。他说："把孩子自小长大所得到的奖品，纪念章放到一起。见到他爸时，可以讲解每一个奖章背后的故事。"

这个主意真不错。我把儿子的所有奖章放到一个大纸箱里。儿子是空手道黑带高手，还是鹰级童子军。单是这两种经历，就有儿子的许多故事。这样，鞍钢与孩子就有话说了，也能更容易相互了解。我把箱子在前一天，放到了汽车的后排座上。

此时，已经是大约八点三十分左右，雷电交加，狂风暴雨，天昏地暗。我给儿子打电话，儿子说，他正坐在往回开的车里。

我又给鞍钢的小弟打了个电话，首先问他们有没有转到麦当劳去。"没有，"他回答，"我们还在 Panera Bread。"

我不明白为什么他们没有转移到麦当劳，他们也不会告诉我原因。

那我说："孩子已经在往回开的车上了。"

"我们走了！"没有防备到，鞍钢的小弟非常无理地怒吼了一声。

我不明白："为什么？"我问，对方不回答。

"那这样吧，"我说："你把旅馆地址给我，等孩子回来，我把他送到你们的旅馆。"鞍钢的小弟还是不回答。

我想，他们不愿意告诉我他们住的地方，就说："那就告诉我明天一早你们飞机的时间。明天是星期天，我有时间，我可以将孩子送到机场，鞍钢总能见到孩子一面。"

鞍钢的小弟有大约两秒钟的沉默，随后，又是一声怒斥：

"我们走了！别打了，我们走了！"

然后啪的一声关了电话。

什么样的人会如此无礼？为什么会如此无礼？我又拨了几次电话，对方再也没有接电话。

一个被专制家庭培育成人的人，即使在民主社会生活了这么多年，也改变不了其专制专横的本性，也根本没有学会民主社会人与人之间相互尊重的最基本的品德，以及最基本的礼貌。他们只是来享受美国的物质生活。是只有物质，没有精神的人。

望着门外的瓢泼大雨，我想到了1992年我和鞍钢在肯塔基时，同样是狂风暴雨的一个漆黑的夜晚。

那天，我带着鞍钢去参加公司在 Paducah 举行的一场晚宴。晚宴后开车回 Mayfield，路程大约 45 分钟。当经过 Lone Oak 洼地时，暴雨如注，电闪雷鸣，天地漆黑一片。我把雨刷打到最快，车灯打到最亮，还是很难看清路面情况。我们是当时那条路上唯一的一辆车，确实有被天地，黑暗与狂风暴雨吞噬的感觉。面对这种状况我从来也没有过惧怕。我眼睛紧盯前方，专心致志开好车。此时，坐在我旁边乘客坐上的鞍钢突然冒出一句，

"有毛毛在，就什么都不怕了。"

是不是今天，鞍钢又被狂风暴雨吓跑了，还是订了当天晚上就飞回宾州的机票？

我继续坐在玻璃门后等儿子。九点三十五分，雨小了，一辆车停到了房前的路上。只见儿子跳下车，穿过草地，在雨中朝家门奔来。

儿子进了屋，可是那辆车还是停在原地不动。我问儿子，是谁的车？为什么车不动？他说，是同班D的车，车的大灯坏了，不亮。

天啊！这时我才明白，为什么他们用了这么长的时间开回来。三个孩子，在这么危险的狂风暴雨中，经过高速公路和繁忙的市区，竟然没有车灯！没出事就是命大。

我打开门冲了出去，跑到车前，对D说：

"把车停到我的车道上，明天白天来取。我送你们回去。"

送完D和另一位同学回家，雨停了。此时已是晚上十点半。坐在灯前，我静静地思索着刚刚发生的一切。

鞍钢真的想要看儿子吗？如果是真的想见，离 Panera Bread 三百米远就有两家旅馆，只要住一个晚上就能见到儿子。但那不是鞍钢的选择。鞍钢选择的是离开。

从我怀孕那天起，直到今天，鞍钢仍然是没有明白。他仍然是只肯在自己的研究上花时间，不肯为儿子多花一分钟的时间。

父爱是心血，是时间。父爱不是金钱与地位。不知鞍钢何时才能明白。

我又想到刚刚过去的暴风雨。如果没有暴风雨，儿子会早些回来，鞍钢可能也不会这么快被吓跑。

这一场在此地从未经历过的强暴风雨，难道是上帝的呐喊与愤怒？

是上帝在谴责鞍钢对我的背信弃义？

还是在为我十几年含辛茹苦的日子鸣不平？

上帝也不想让鞍钢见到儿子。

6.3 胡鞍钢事件 – 学者，御用文人，专制政府的喉舌

鞍钢与我虽然在生活中分手，但我们都是在生活中有理想，有目标，吃苦，耐劳，自强不息的人。鞍钢是个有思想，极有能力的人。只因他野心过于膨胀，才会导致2018年8月的"胡鞍钢事件"。

"胡鞍钢事件"的导火索是胡鞍钢的"中国整体实力超过美国"论。鞍钢在其研究报告中称，"*中国已进入全面赶超、主体超越美国的时期，其中在经济实力（2013年）、科技实力（2015年）、综合国力（2012年）上已经完成对美国的超越。到2016年，这三大实力分别相当于美国的1.15倍、1.31倍和1.36倍，居世界第一。*"

2018年7月26日以及之后的几天里，友人不断发来在微信上广为传播的有关《人文清华》对鞍钢的一段采访录像及微博里的评论。录像中，鞍钢谈到他是为了验证毛泽东在1956年所说的，要五十年内赶超美国的话，所以发表了研究成果，验证中国已经超过美国，也证明毛泽东当年的话是正确的。

鞍钢在采访中表现出的痞子恶棍般的举止和语言进一步激怒了网民，遭到了网络上的漫天指责，有些可以说是辱骂。

7月30号晚上，我静下心来。把对胡鞍钢的这段采访仔细地看了两遍。我想弄明白，为什么鞍钢会如此违反现实与基本逻辑，要像当年的钱学森那样对毛泽东献媚，从而导致大跃进，饿死四千万农民。今天，胡鞍钢又继续向习近平献媚，难道他要继续用中国人的生命来实现毛泽东当年要统治世界的愿望吗？

看完视频后，我认为，鞍钢在视频中胡搅蛮缠的态度是因为他知道他在做没有道理的事，但又不想认错，只好坚持在镜头前胡搅下去。鞍钢这样做，就明摆着不是一个实事求是的学者。

8月2日，工作繁忙之中忽见几位友人传来清华近千名校友签名致函邱勇校长，要求解除胡鞍钢国情研究院院长职务的消息。我停

下手中的工作，读了消息。心中难过而不能平静。眼泪几次从眼眶中涌出。

自送与鞍钢离婚，我再也没有读过鞍钢的作品。心里只记得他在上个世纪八十年代末出版的《生存与发展》与 1995 年左右出版的《国家能力报告》。所以，在我心目中，他还是一个当年在大学里的忧国忧民的鞍钢。

大学时期，我们在一起重复最多的话是：

"中国人民太苦了，经受了这么多年的残暴专制和这么多的政治运动，多少人无辜死亡，多少家庭被摧残，…"

"我们一定要用自己的知识和能力改变中国，使中国走向繁荣，民主。"

"一定使中国人民过上好日子，不再承受精神上的苦难。"

可是，在这段视频中，我已找不到鞍钢当年以人民为本的影子。鞍钢本人非常清楚，毛泽东当年推动的大跃进是左倾冒进，导致大饥荒，饿死了近四千万农民。中共至今也没有为自己当年的的罪行承担责任。正是当时毛泽东本人不具有最基本的经济管理知识，才会盲目地推动大跃进。毛说在钢铁产量上，十五超英，五十年超美。毛泽东说过这话，但也没有坚持搞经济建设。如果毛泽东把经济建设作为管理国家的首要任务，也就不会发动随后的长达十年的文化大革命。如果毛泽东继续活着，再搞第二次、第三次文革，中国的钢产量真的不知何时才能赶上美国。毛泽东在世时所做的一切，就是为了把住手中的政权。向世界推行共产专制体制，做世界共产主义运动的皇帝，让全世界都成为中共枪口下奴隶。

鞍钢不仅知道毛泽东在大跃进时所犯下的错误，他也同样非常清楚从土地改革到文化大革命，被无辜枪毙、残酷折磨致死、不堪忍受折磨而自杀的八千万中国人民的生命。

那么，深知毛泽东犯有反人类罪的胡鞍钢，为什么要用毛泽东在 1956 年说的话来作为研究的理论基础呢？我的答案是，今天的胡鞍钢已不是学者，也不是御用文人，是一名以做学问为掩护的中共理论家。胡鞍钢所做的一切，一是为了保持与扩展党国的统治和赵家的江山。二是达到自己对名利追求的目的。

做为学者，尤其是社会学学者，就是要追求事实与真理，为人民与社会负责，不侍奉权贵与统治阶级，不献媚於政府。

网上和微信上的指责和恶骂如潮，普通百姓指责的基本出发点是，一个中国顶尖学府下属研究院的院长，身为教授，学者，怎么会发表如此不合乎逻辑的文章？怎末会讲出如此没有逻辑的话来？普通民众把鞍钢当做教授，希望他能够根据科学的严谨性做研究。百姓不希望鞍钢像当年钱学森一样不负责任，出卖良知说亩产可达万斤，从而促使毛泽东发起祸国殃民的大跃进运动。

此时，普通民众没有意识到的是，胡鞍钢是站在保护中共党的利益的立场上说话和写文章的。

在 2004 – 2007 年时，几次有人对我提起鞍钢是御用文人。每次听到，我都在问自己，"怎么会呢？鞍钢怎么会成了御用文人了？鞍钢应该是为国为民的啊！"那时的我，没有勇气去读有关鞍钢的文章或是看有关录像，担心自己又会痛苦，流眼泪，睡不着觉，导致身体受伤害。

今年，自三月下旬以来，网上出现了有关鞍钢的评论或录像，我说服了我自己，开始阅读与观看。在此基础之上，我又回头去查找了鞍钢近年来的作品。通过阅读鞍钢从 2011 年以来的作品，感到鞍钢的行为已经超越了御用文人。鞍钢的真正职责如同文革中的梁效，其真正目的是在为党国政策摇旗呐喊。鞍钢已经堕落成一个出卖灵魂的人。

更确切地说，胡鞍钢的"中国已超美"论。不是简单的文章与口号。而是与"厉害了，我的国！" 等等一系列中共的宣传机构所做的鼓动相结合，在掀起民族主义情绪；在为打世界大战做准备。试看 2017 年末和 2018 年的中国，与二战前的纳粹德国的经济，政治宣传有什么两样？

胡鞍钢的"中国已经超过美国"的理论和相应的报告，是中共国家机器的一部分。鞍钢在以一个学者的身份作掩护，帮助中共向世界扩张。

当年我为胡鞍钢提供了那么多年的经济保障，是为了使他能为中国走向富强及民主做出贡献。我没有想到，鞍钢走到了相反的方向，成了中共专制制度的理论家。

我今天在这里要进一步验证说明的是，胡鞍钢不是一名学者，而是一名名副其实的党棍；是中共的的戈培尔。

为什么鞍钢在近二十来年的观点与其第一个十年的观点会有如此大的变化？

第一，首先是胡鞍钢自身的堕落。胡鞍钢事件一开始，我首先想到的是乔冠华。记得当年鞍钢对我多次谈起，章含之要乔冠华给江青写效忠信，被枕边风吹昏了头的乔冠华还就真写了。四人帮倒台，乔冠华被整，活活气死。乔冠华更没有想到的是，当他自己活活气死后，章含之还通过出书来撒谎，说乔冠华如何爱她。从而为她自己树牌坊，以名垂千古，无耻至极。

如果乔冠华的原配活着，这一切都不会发生。乔会保住其名声而善终。当一个男人为女色表面的美迷住，不顾其内在的恶劣人品，为讨女人欢心而放弃道德底线以及人格时，便是一个人堕落的开始。

我想到鞍钢现任，一个通过通奸而上位，惟利是图的女人，一个为了追求名利没有道德底线的人。这个人对鞍钢的行为起着一定的作用。

鞍钢当年对乔的轻蔑又可惜的语音今天仍留在我的耳边。但没想到，鞍钢自己也重蹈了乔冠华的后尘。

从家庭政治遗传的角度来看，鞍钢出身于新红二代。虽然其父是五十年代初毕业的大学生，但胡的父亲一直是共产党的追随者，文革中未受过冲击。记得鞍钢的父亲在八十年代出国考察后对我说过多次:"我在美国见到我的同学。他们有的做工程师,有的有自己的公司,不管做什么,也没有给我们自己国家干好啊!"

鞍钢父亲的话,当时给了我极深印象。第一次听他讲,觉得有什么东西不对劲儿,但是没有捉摸透。鞍钢的父亲再次对我说同样的话时,我明白了问题的所在。鞍钢父亲说的"国家"实质是共产党,而不是中国。他是在给共产党干,给政府干,不是给中国人民干。

在建国初期知识分子家庭长大的人,不会有人不爱国的。但是,爱国不是爱共产党。因为共产党的官僚体系,为赵家人提供了可以随时为自己捞私利的特权。这种特权体系在一个像美国那样的民主国家是不存在的。所以,为了私利特权,必须在中国干。为政府出谋划策是胡鞍钢国情研究的出发点。只有保住政府,才能巩固其自身的特权。

此外,鞍钢的成长环境,也是造就了胡鞍钢追随中共做为人生的唯一目标。解放初期,鞍钢的父亲是鞍山钢铁公司的技术员。因高炉改建革新成功,被评为劳动模范。随后,参加了中国几个五年规划的一个又一个钢铁基地的建设。我相信,一个人只是知道革新,不会给共产党溜须拍马是不可能升迁的。鞍钢父亲应该被定义为追随共产党的红色知识分子。我想,鞍钢的父亲非常清楚共产党为中国百姓带来的苦难,但鞍钢父亲仍然坚定地与共产党为伍,视民众的苦难於不见,为鞍钢奠定了思想意识基础。并为鞍钢提供了只知道当权者利益,看不到百姓疾苦的范例。

从江泽民,到胡锦涛,直至习近平,无论是集体领导还是个人独裁,胡鞍钢写的文章不断给自己反复打脸,为每一个掌权的中国领导人或领导班子摇旗呐喊,创造中国共产党每一时段合法统治的理论基础。在一定意义上,胡鞍钢是台前的王沪宁。鞍钢的目的就是为了保住赵家江山。至此,在鞍钢的学术文章已经没有"人民","正义"或"良知"可言。

从不讲道理的痞子恶棍作风来探讨,鞍钢的那段约五分钟的《人文清华》采访中的痞子态度,也是惹怒众人的一个原因。鞍钢生来就有不讲理的本性。那本性应该说是遗传其母亲。他年轻的时候,还能够听得进去道理。如今,当他完全被追求名利,没有道德底线的人所包围时,自然而然地就成了对名利的追求超过一切,狂妄自大到不知所以,导致了今天普通民众看到的场面。

鞍钢是在他母亲每日的不讲道理,撒谎的举止和言行中长大的。也是受共产党永远光荣伟大的理论长大的。鞍钢对其母亲的邪恶本性的孝顺,也同时表现出对极权制度的孝顺。在鞍钢脑海中所根深蒂固的是维护权利,而不是为底层民众坚持正义。因为正义对于鞍钢来说并不重要,重要的是权利在手。鞍钢在成名之后,或者说是走过中年之后,显现出了他母亲的本性。她母亲可以以任何不讲道理的方式去欺负别人。在鞍钢眼里,统治者没有错,他母亲也没有错。任何要坚持强调正义的人,按照鞍钢的逻辑,必须出局。从另一方面来讲,这种藐视他人的傲慢态度,是中国政府对待老百姓的每日诉求态度的翻版,也是中国老百姓维权活动的起因。胡鞍钢已经没有一丝为民的良知。

第二,从社会角度来看,我个人认为,鞍钢走到今天的地步,是专制制度,社会风气堕落与个人野心相结合的产物。

首先,中共的专制制度从根本上彻底摧毁和灭绝了中国社会各阶层包括普通民众的道德与良知。

中国共产党从土地改革开始,经过镇反,公私合营,将所有土地,工业全部掌握于政府手中后,全中国人都被剥夺成一无所有,都站在同一财富和社会地位的基础之上。要在这种社会环境中变得富有,有特权,只能是沿着党系社会向上爬。从小学到大学都有少先队,共青团与党支部,只有违背良心跟着政府说假话的人才能入团,入党以致升官。

同时共产党为了稳固统治,在过去的七十年中已经建立了言论控制的天网,如果谁要寻求事实,追求真理,结局就是监狱。

所以,中国的社会学界难以存在良知。

我们都知道,鞍钢的博士论文写成的著作《生存与发展》,是一部当时实事求是的国情报告。之后,他和王绍光博士合著的《中国国家能力报告》再一次实事求是地为中国的当时的财政现状，做了深刻地分析，并对未来发展，尤其是分税制，提出了建设性建议。鞍钢在那个时候是个希望国家强大的学者。从这本书可以看出，胡鞍钢支持强国论，他对自由民主视而不见。正是为了在专制社会里出人头地，鞍钢走向了出卖良知。

其次是社会道德堕落。自共产党统治中国以来，中国社会的道德风尚日益下降。为什么？共产党的无神论和伟光正为中国社会各阶层驯化成不知廉耻起了决定性的作用。无论是中国的佛教还是西方的基督教，其核心就是强调做人要遵循最起码的道德品质，如果不按照人类普世价值的道德品质行事，佛教与基督教都告诉人们将尝到后果。

共产党靠无辜杀人起家，夺取政权。为掩盖本身的血腥恶魔面目，把自己标榜成无神论者。无神论者的目的之一就是表示他们无辜杀人将不承受任何后果。目的之二是给百姓洗脑，让百姓认为信佛，信教是迷信，是愚昧。

正是这七十年来对老百姓的洗脑，加之专制社会当权者没有被法律约束的为所欲为，中国人民的脑子里只剩下了钱和权。认为钱、权是人生所追求的一切，从而使人类道德在全社会丧失；没有廉耻观，甚至以耻为荣。

共产党标榜自己是无神论者，嘲笑基督徒迷信愚昧。共产党人高歌："与天斗其乐无穷，与地斗其乐无穷，与人斗其乐无穷。"这种没有道德伦理约束的放任与斗，才会有今天中国社会的堕落，才会有鞍钢的出卖良知。

中共以其一贯"伟大，光荣，正确"教导中国人民。这伟光正本意就是从来没有错过，就是不要脸。杀了人，没有错；饿死人，也没错；坦克开到北京大街上；碾压手无寸铁的百姓也没错。中国政府是无耻至极的恶棍。在过去的七十年中，在中国政府的无耻榜样的反复熏陶下，国民也就自然而然对无耻习以为常。

我相信，鞍钢在这种大社会环境下，也是名声再大也不怕大，想尽办法扩大自己的名声，在为自己提高名声的同时，根本就没有了一个人做人的最基本道德底线。

第三点，从鞍钢本人的个人角度来看，家庭基因遗传的个人野心极度膨胀也是其中的最主要原因。

鞍钢常说的一句话是，"我就是要在历史上留名。""我就是要做中国第一。"鞍钢有智慧，有能力。但是，当一个人有了初步的成功，野心膨胀到无法控制，名利超越良心时，就是鞍钢目前的结局。做人最重要的是要有优秀的道德品质。无论何时，都要为自己在头脑中划一条道德的界限。无论做何事，都要约束自己不要穿越这条头脑中的道德界线。

最后，我想说的是，像对家庭不负责任一样，鞍钢对他发表的文章也没有负责任。如果他懂得负责任，实事求是，他就不会说大话，哗众取宠，说中国已经超过美国。他说大话的目的，就是要达到名人效应，引人注目。

一个对自己亲生儿子都不负责任的人，谈何对国家负责！他只是在对他自己的名利造势负责。

无论如何，这是鞍钢自己选择的道路。没有人用枪顶着他的头强迫他写那些为专制唱赞歌的文章。一个成年人，如果丧失良知与道德而行事，或迟或早，不管主观上愿意不愿意，都会品尝和承受后果。

在这次胡鞍钢事件中，我也看到的网民对我本身的无中生有的造谣，贬低和侮辱。鞍钢有错，可以批评他的文章，没有理由侮辱其父母，兄弟和家人。

中国的网民素质水平，这也是中国在本质上没有赶上美国的最根本的因素。当然也是鞍钢在研究中国赶超美国时，没有考虑进去的一个因素。中国真正超过美国的那一天，也希望是中国国民道德品质超过文明世界的那一天。

人生自古谁无死，留取丹心照汗青。

希望将来能有一天，鞍钢会重新唤起当年的良知，为中国人民的民主与自由倾注激情，奉献自己的力量。在历史上留下正面的名声。

6.4 经不住时间检验的文章与著作

一本有价值的书或者一片有价值的文章,应该能经得住事实与历史的检验。只有写书人把尊重历史与事实为己任,持着对人民和社会负责的精神,才能使作品流芳千古。相反,如果一个人的作品经不起时间的检验,那么他的作品就是没有价值。

自从 2018 年的胡鞍钢事件之后,我阅读了胡鞍钢在 2000 年之后写的一些的文章与著作,用以了解他做研究的目的,并检验他的作品是否经得起时间的考验。

胡鞍钢的作品没有以事实为基础,经不住历史的考验。

下面是几篇胡鞍钢的文章。我以时间顺序加以评论。

1. 胡鞍钢的第一篇作品是《2030 中国:迈向共同富裕》这本书在 2011 年 10 月由中国人民大学出版社出版。看来这本书是两位博士生,博士后的论文。不明白为什么鞍钢的名字在前面,按照在西方国家做论文的习惯,博士生应该是第一作者。胡鞍钢的名字应该列为指导教师而不是第一作者。

这本书的目的是赞美薄熙来的重庆政绩,"*重庆在实现共同富裕的探索上为全国作出了重要贡献。重庆鲜明地提出了缩小'三个差距'的指标,在全国范围内都是率先的,有示范意义。*"之后,鞍钢又在宣传"*重庆正处在一个经济和社会加速发展的黄金期,这里的三千多万人民已形成了强大的政治认知和社会认知,过十年甚至二十年后再来看,就可以看出重庆创新的历史意义。我希望重庆可以为全国提供经验。*"胡之所以吹捧重庆模式,是因为当时的薄熙来有成为党内第一把手的趋势。但在短短几个月后,2012 年 3 月 15 日,薄熙来被抓受审。胡鞍钢的这种阿谀奉承的举止,是一厢情愿还是接旨而行?这种对当局跪舔式的作品将被载入历史,作为中国学者丧失良知的见证。

2. 鞍钢的下一篇文章是刊登在 2012 年 7 月 3 日人民日报上的《辉煌十年,中国成功之道在哪里》。在这篇文章中,鞍钢提出了中国经济从 2002 年至 2012 年的飞速发展,主要归功于党中央的领导。此片文章中，鞍钢在中国首次提出了"集体领导"的新概念和中国特色的"集体总统制"学说。"从政治发展的特点和条件看，中国社会主义制度的政治优势就在于有一个好的中央政治局常委会，这成为中国决策正确、发展成功的最关键政治条件。中央政治局常委会由9名成员组成，分别代表党、国家和军队等八大领导机构，分工合作与协调合力，形成了中国特色的"集体总统制"。这一制度的最重要特征就是"集体"二字：是"集体成员"，而不是"个人"；是"多个机构"，而不是"一个机构"；是"集体智慧"，而不是"个人智慧"；是"集体决策"，而不是"个人决策"。它的实际运行体现在五大机制：集体交班、接班机制；集体分工协作机制；集体学习机制；集体调研机制；集体决策机制。""从决策理论和实践看，"集体总统制"在实现充分信息分享的信息结构与充分民主决策的决策结构相互作用方面，远比"个人总统制"具有明显的信息优势和决策优势，更具民主性、协调性和高效性。"

咱们先说民主性，中国的老百姓没有选票。九常委不是老百姓投票选出来的，是由老一代的常委暗定的；不是民选产生。这种暗定的目的就是保住红色江山，所以根本不存在"民主决策"。胡鞍钢在以谎言惑众的同时，也在自欺欺人。

中共党内的派系斗争历来是在幕后，而且是你死我活，残酷无比；完全是一言堂。刘少奇的结局就是一个活生生的例子。今天的习近平反腐败又是第二个例子。所以中共政权根本不存在"集体智慧"，或者"集体决策"。吹捧一个靠残酷专制的政府核心优于体现人类文明的民主社会，有一点头脑的人都明白是在胡说八道。无论鞍钢是经过授权与否，已经彻底丧失了做人的良知，更别说是学者的良知了。

当今习近平修改宪法后的终身制是否也是集体领导的产物？如果不是，那么鞍钢写的文章就是在自己打脸，就是禁不住时间的检验；就是垃圾文章，一文不值。

相反，美国总统的选举过程，体现了民主与集中。是经过一轮轮竞选辩论，角逐，经美国人民投票选举出来的，是民主过程。选举出来的总统进行组阁，建立自己的领导班子，实行自己的施政理念，是集中。即使有可能会选出无能的总统，但是这种换届选举形式，有效地避免了专制体制的产生，这就是民主机制的关键。

过去，我常说的一句话是："鞍钢就是为中国而生的。"鞍钢了解中国。但此时，我考虑到，鞍钢并不了解美国。就像我在前面提到的。鞍钢在耶鲁呆了不会超过四个月，每天跟一帮中国学生打交道。来到我这里后，去 Murray State 旁听了一些宏观和微观经济学的课程。在中国，鞍钢每天看新闻联播。在美国，我订着英文报纸和侨报。鞍钢看侨报，很少看英文报，也几乎不看英语晚间新闻。所有的日常生活与外界往来都是我在做。所以，鞍钢来过美国，但没有真正地了解美国社会。

鞍钢在那五分钟的人文清华采访中提到了美国人会瞧不起他。鞍钢大约每年都会到华盛顿去见几个研究中国问题的名人，和他们交流。鞍钢说对方会瞧不起他，难道一个人靠吹不靠谱的牛就能被瞧得起吗？吹牛是不是早晚要露馅儿？一名真正的学者会不尊重事实吹牛吗？

也许是鞍钢吹捧"九总统制" 有功。再下来，我们看到鞍钢成为被北京市委直接下达指标的中共十八大党代表。一旦成为党代表，下一步的目标应该是中央委员，政治局委员和常委。

3. 鞍钢的下一篇使舆论哗然的文章是发表于 2013 年 7 月 19 日的 《人民社会优于公民社会》。在这篇文章中，鞍钢说："人民社会更具优越性。其建设方法是不断改善民生，社会治理方法是坚持走群众路线。"" 人民社会本质上是社会主义社会，人民社会的主体是全体人民，""人民社会的领导者是中国共产党。"

这是一篇只有观点，没有论据和论证的文章。在这篇文章中，鞍钢无非是在故意唱衰民主社会，为极权统治的中共唱赞歌。从当年的要为改变中国使其走向民主的雄心壮志，到此时的为统治集权摇旗呐喊，鞍钢可谓是转了一百八十度的方向，实在是可悲。

我们都知道，毛泽东发明定义了"人民军队"，"人民警察"，"人民政府"，"人民法院"，"中华人民共和国"，等等……。众所周知，在中共的制度下，所有上述的专制工具全是以人民为敌，中国人民没有为自己做主的权利。胡鞍钢如今发明出了"人民社会"，是对毛泽东思想及谎言的进一步延伸。试问，没有真正的"人民军队"，"人民警察"，"人民政府"，"人民法院"，"中华人民共和国"，何来的"人民社会"？完全的谎话与欺骗。

鞍钢比任何人都清楚，中国人民在中共的专制体制下没有任何权利。鞍钢也比所有人都清楚，当前是社会主义专制社会，根本不存在人民社会。因为人民在中国是被管制群体，是共产党所管制的主体对象。人民真正用选票做主和发声的社会才是民主社会。胡鞍钢的最后一句话才是他写那篇文章的真正目的："人民社会的领导者是中国共产党。"中国人民必须听命于中共，胡鞍钢唯一的目的是巩固共产党的统治。

之后，据在中国的友人诉述，鞍钢因吹捧集体领导，在习近平上台后，被冷藏了一段时间。但鞍钢不甘寂寞，出了一篇吹捧习近平经济思想的文章，得到复出。再一次靠取悦专制者，出卖灵魂得到名利。

十九大的第二天，鞍钢给清华老师学生讲解如何学习习近平的报告。十九大期间，习近平恢复终身制，其恢复个人独裁的野心人人皆知。在十九大期间，整个社会一片寂静，敢怒不敢言。但鞍钢於会后第一天，不顾千夫所指，就主动给清华师生作报告，讲解如何学习习近平思想，其在党内的作用可见一斑。鞍钢是政府安排站在公众眼前的王沪宁。

4. 大约 2011 年左右，胡鞍钢又出版了《中国 2020：一个新型超级大国》。我没有找到此书的中文版，只读到了英文版。这英文版肯定不是胡鞍钢自己写的，是翻译人员从他的中文版翻译过来的。可是翻译者的名字没有出现在封面上。胡鞍钢写此书的目的还是要再一次验证与歌颂毛泽东在 1956 年提出的 "超英赶美" 论，以及鼓吹中国国力强大论。读完胡鞍钢的这本书，可以概括成为以下几点。

首先，胡鞍钢在书中反复强调 *"2020 年，中国不仅将超越美国成为世界最大的经济大国，更将成为成熟、有责任、有魅力的新型超级大国"*。事实是， 2020 年，中国没有超越美国成为世界最大经济大国，反而在与美国的贸易战中，显现出了对美国经济寄生式依附的弊病。一旦美国不再允许中国政府靠关税国企补贴，科学技术盗窃，中国就从美国挣不出来钱。确切地说，中国的经济不是一个独立的，自我消化，健康循环的经济实体，中国的经济不是靠公平竞争得来的。中国的经济增长是美国近三十年的让利。

胡鞍钢当年吹的牛皮不点自破。

其次，我们再来谈一下胡鞍钢所谓的"2020，中国将成为成熟、有责任、有魅力的新型超级大国。"

做为一名学者，要下定义，就应该下清楚。我看了这："*成熟、有责任、有魅力*"三个词，应该说是百思不得其解。

"成熟"是指在什么方面成熟？还是方方面面都成熟？中国政府一贯的出尔反尔，没有遵守当年在WTO许下的承诺。"成熟" 是不是意味着二十年后，要更出尔反尔？

"有责任"就更难理解了。中国政府在过去的七十年当中，对它自己的承诺从未兑现过，对自己的过错从来未承担过责任，一直是伟光正。今天，在财大气粗的国力支持下，是兑现自己的承诺，还是"有责任地"承认自己对国企补贴，强迫技术转让，还是"有责任地"承认自己盗窃了美国技术？

最后这个"有魅力"更让我丈二和尚摸不着头脑。过去的六个月中，中共的"魅力"在加拿大的人质外交，香港的"返送中"运动里，被赤裸裸地暴露在国际媒体面前。中共的傲慢，蔑视人权，藐视民意，谎言，造谣污蔑让世人看得清清楚楚。再看看我们的外交部，和各位驻外大使们的土匪般的，与当今世界文明相对立的言论，真是连廉耻都不懂。中国驻瑞典大使桂从友被要求驱逐出境，就是最好的一例。这就是胡鞍钢所称赞的中国政府的魅力所在。

胡鞍钢的谎言再一次被戳破。

据美国移民总署统计，自中国的非法移民从2010年的29.5万增加到2016年的38万，增幅28%，联合国难民署每年出版的《全球趋势》报告显示，2011年全年，全球共有28207名中国籍人士在海外提交庇护申请，到2018年，这个数字上升到38060名，增幅34.9%。如果中国真正"有魅力"，那么中国的老百姓就应该被魅力所吸引，留在中国；而不是飞跃重洋，偷渡美国。

第二，做为学者，胡鞍钢在《中国2020：一个新型超级大国》中，没有实事求是的写出历史，而是为中共和毛泽东文过饰非。

书中第8页谈到对中国经济发展所定义的三个阶段。第一阶段1950-1980年。作者定义这一阶段是经济现代化的准备阶段。这不是实事求是。1950-1980年期间，中国共产党一直在进行着对私有经济的改造和对全体中国人的的洗脑整肃。众所周知的土改，公私合营，以及十年文革都是在那个时代进行的。在上个世纪80年代末期，中国的经济已经到达了山穷水尽的地步，这与胡鞍钢所用的"准备期"是根本不相符的。胡鞍钢在掩盖历史事实，是谎言。

作者在同一页谈到1980-2020年是经济起飞阶段。但是他没有说明的是，这一阶段，中国政府把一部分国企私有化，国企领导人私吞国企，同时是私有化激活了中国的经济。

第三，在这本书中，胡鞍钢沿用并进一步发展了毛泽东的人海战术观点。

毛泽东在朝鲜战争中采用了人海战术。自认为这人海战术将会通行于世界而无阻，百战百胜。从而就开始了要求国内妇女多生子女的，上个世纪五十年代的，"光荣妈妈"运动。胡鞍钢继承了毛的这一思想意识，认为只要数量多，无需质量，就是好。胡鞍钢在追求大跃进的翻版，是不折不扣的低级老农民意识。他在评定中国的科技发展水平时，是以入学人数，上网人数，申请专利人数来做为评价中国和美国相比较的基础。仍然是毛泽东的人海战术思路，根本没有从质量上的比较。这种比较从学术的角度上来讲？能有什么意义呢？

胡鞍钢是中科院自动化所的博士。自动化过程中的一个最重要的理论和应用特点，就是优化（Optimization）。优化包括参数优化，局部结构优化，过程优化，进而达到产品性能优化。在胡鞍钢的整篇著作的数据里，看不到任何参数或者过程优化；以及优化的建议。见到的反而都是低端数据的直接应用。是不折不扣的粗制滥造。胡鞍钢与毛泽东有着共同的低端低质、大老粗特点。

最后，我在此要强调的是，评价一个人，是单纯只看他有多少财富，还是也要看到这个人的道德水准，知识水平，健康状况以及工作能力？我想，自古以来，我们评价一个人是以道德品格为评判基础，加之知识水平。这个人的财富多少，并不在我们对这个人的评判之内。或者说，我们把金钱看成是身外之物。

当我们评判一个国家时，难道不也是这样吗？ 我们评价一个国家，是看一个国家是否保护与建立普世价值的社会道德观，是否有健康的社会风气，我们也看这个国家的政府是否体谅民情民意，我们还会看这个国家的政府是否清廉。当然我们会观察这个国家的人民的生活状况与经济发展。我们会看重经济发展，但那不是唯一的衡量标准。

一个国家， 是一个民族的家园。是一个民族的生活聚集的地方。既然是一个有思想的人类居住地，那么人的精神世界对于评论一个国家非常重要。

如果一个人的思想道德败坏，贪污腐化，通奸偷窃；殴打邻里，霸道邪恶；除此之外，此人病入膏肓。但是此人却还在大力发展其进财生意，仍然是挣得盆满罐溢。这样的人值得世人称赞效仿吗？不值得。 因为人与动物不同，人有精神境界，人有高尚的追求。做人要超出"人为财亡"的低俗。如果人的一生都是在追随"鸟为食死"，那么人就成为了低级动物。

胡鞍钢在《中国：2020》一书中所使用的方法以及思路都只局限于经济的发展，根本没有触及中国社会从上到下的腐败，经济发展对自然资源掠夺性的破坏，以及自然资源破坏后底层社会群体的生活状况； 以及社会阶层的固化，言论管控，专制警察国的建立等等一系列的问题。胡鞍钢书中所展望的中国2020，只见到经济数字，不见民众的真实生活状况。一个活脱脱的 "只见树木，不见森林" 的范例。作为一名中国一类高校的院长和其在国情研究领军人物的地位，应该说这种研究方式是中国当今社会中知识精英的耻辱。

　　现在，离 2020 年还有不到一个月的时间。如果我们对照胡鞍钢在他的著作中所预测的情况与现实就会发现。胡鞍钢预测的 GDP 是 8-9%。可是现实的官方数字是 6.0%，真实的 GDP 还不知道比 6% 低多少。胡鞍钢在书中吹嘘的发展状况并不存在于现实中。这本著作又同胡鞍钢的其他著作一样，禁不住时间的检验。就像我在 1995 年对胡鞍钢说的一句话："鞍钢，你就凭着几个数据和几张表就预测十年、二十年以后的经济？你就胡吹吧！反正那时候没人记得你说了什么，也没人查证你。" 所以《中国：2020》又是一本不尊重事实的，夸大，吹牛的作品。一本没有价值的作品，浪费人力物力的书。更证实了，美国政府和国家绝不会养着这种人。只有中国政府才会出钱养着这样一位所谓的院士。

　　如果是一名学者，就是一名普通人，也应该有最起码的经济学常识。任何一个国家也不能保持长时间的高速经济增长。亚洲四小龙和日本的经济都是经过证明了的实例。这位胡鞍钢，为什么就看不到呢？还是就是看到了也死不承认？

6.5 为什么胡鞍钢如此敌视美国

自由民主的美国是每一个追求自由，热爱民主的人向往的地方。从胡鞍钢的一系列文章和作品中可以看出，美国在他眼里是敌人。不管写什么，都是以美国为目标作比较，都要以美国为假想敌。为什么胡鞍钢会如此敌视美国？

我想应该以他的个人经历入手。具有讽刺意味的是，胡鞍钢选择到美国的耶鲁大学做博士后。去耶鲁的目的，就是为在其履历上加上一条响亮的美国藤校学历头衔。说明美国耶鲁的名字，要比北大清华响亮。要不然，就不用出国了，就在北大做博士后就足够了。这一点，美国的学校比中国的名气大，鞍钢无法抵毁。有了藤校的头衔，就可以傲视国人。可是，鞍钢去了耶鲁后，总共在美国生活了一年半以后，反而是认为美国不好。为什么？

今天，在美国留过学的高官名人里，明着反对美国的，说美国不好的有谁？ 王沪宁，习近平，胡鞍钢和王绍光？

为什么这些人要贬低美国？我们应该从个人利益和思想意识两个方面来分析。首先从个人利益上来分分析。

这些人的共性是在美国找不到他们在国内的特权，即中共专制政府所提供的特权。也就是他们内心那种高人一等的感觉，还包括各种头衔和职位，那常人没有的特供，特殊医疗条件，等等。最重要的，是他们说话时高人一等的内心感觉。在美国人人平等，连总统都平易近人。一旦不当总统后，就是普通老百姓一个，没有任何特权。这可是胡鞍钢等人无法接受的。

鞍钢和中国的赵家人及高官们，永远不会想做平民。他们也根本不具备平民思想。在美国，没人要听他们讲话，没人把他们当成块大料。对胡鞍钢本人来说，那就是一种失落，一种彻底的失落。这种人不喜欢美国，是从他们本身的利益，而不是以民族的利益为出发点。

其次，美国是一个务实的国家。国家的财政收入不会赡养没有实际产出的雇员。胡鞍钢所做的预测研究没有实际应用意义，在美国也就找不到职位。美国不存在计划经济，所以不需要预测。美国确实有私立政策研究所。那是政策研究而不是经济预测。

此外，美国是个民主的国家，民众通过选票发声。政府不需要宣传机构为其涂脂抹粉。更不需要御用文人为其创造政权存在的理论根据。

我在前面已经提到，鞍钢没有开始任何博士后研究课题就离开了耶鲁，来到肯塔基州我工作的地方。为什么？在耶鲁没有专门的课题，没事可做？最主要的，做博士后的经费是从中科院鞍钢本身的研究经费里出。在那个年代，钱少得可怜，鞍钢在耶鲁的生活非常寒酸窘迫。到我这里可以过上体面的生活。他可以不愁吃，不愁穿。鞍钢在美国的那段时间里，有过一、两次到某学校或研究单位给人演讲，或者在侨报上发表文章。每次有报酬几百美元，但不是固定收入。虽然当时我与鞍钢的生活与事业目标就是回国，但是也说明鞍钢在美国很难找到职业。鞍钢自己也很清楚这一点。鞍钢能喜欢一个自己无法找到落脚点，或者说自己不被认可的国家吗？他自己不被认可，不是那个国家不好，而是他自己没有能力生存。鞍钢想要靠耍嘴皮子生存，美国没有他的市场。

美国社会的一大特点，就是公平竞争，靠真本事吃饭。鞍钢的工作是玩虚的，即靠嘴皮子吃饭，在美国没有他的落脚点。

我听到鞍钢和王绍光不止一次有同感地抱怨美国。他们共同的话是："在美国生活没劲儿，一天到晚付账单。"今天分析这种抱怨有两种含义：首先，他们在美国无法出人头地。因为他们的人生目标是以名利为目标的。他们搞的研究在美国没有市场。只有在中国范围内，才能有人听他们胡吹乱砍。美国的课题太小，中国国家级的研究才够大。还是我刚提到的，市场经济的美国不需要预测经济，胡鞍钢找不到他的位置。美国不搞五年计划，不需要预测。第二，因为美国财产私有制，在美国生活要为自己的财政负责，没有白来的东西。每个人要为自己的所有支出付钱。在中国就不一样了。各部委的房子是国家的，即使买，也很便宜。付了钱，就不再用付每月的房钱。像有胡鞍钢地位的人，在国内上医院由国家担负医疗费用，由国家给指定最好的医生。对于他们这种不想为自我行为负责的人，或者说让别人为他们付费付惯了的人来说，当然就是中国比美国好了。他们要始终过特权阶层的生活，不是普通百姓的生活。也不是为百姓生活提高做出贡献的生活。

当一个人走入一个未知的社会，是思想开明，脚踏实地，心胸开阔地实地调查，像法国人 Tocqueville 那样，从民情民意出发来了解一个社会，写出《美国民主》，还是以一个统治者的身份来判断一个社会，是判断一个人的良知的根本界限。今天，回顾那段经历，可见鞍钢不具备民心，民意，他不具备一名学者的良知。更重要的，鞍钢不具备客观全面了解事物的学者心态。胡鞍钢是那种从出生就被教育成对民主有成见，是非颠倒的，对错混淆的人。鞍钢本身，不具备对社会评价的正确理论基础。

我再讲一下语言能力。大家知道鞍钢的英语交流能力。这也是他在美国是否能够生活的一大障碍。在那一年半在美国的日子里，无论什么活动都是我带着他去。家里无论何事都是我在操心。鞍钢每星期两、三次去旁边的 Murray State 大学听课，或者写他的中文文章。今天回想起来，鞍钢根本也不了解美国社会。他在那段《人文清华》视频里痞子般，非常气势汹汹地说："我去过美国，我了解美国……"主持人应该再往下问一句：

"你如何在美国生活的？你在美国和什么人交往？你如何了解的美国？"

美国是一个求实的国家，任何事情都强调自己干。由于自幼的家庭环境，鞍钢没有动手能力。他的脑子可以有无限的想象力，但是却没有动手能力，实际生活能力如一名残疾人。这和他的家庭教育紧密相关。

其次，中国人有一种叫劲儿文化。中国人有一种暗斗的心理状态。这种心态在美国不存在。美国有公平竞争的环境。一旦某一个人成功，周围的人会真心的去称赞他/她。我个人认为，公平竞争文化源自基督精神。在一个以基督思想为基础的社会，人们看淡名利，真诚相待，不攀比。

但是在一个封建专制社会，由于公平竞争环境欠缺，促使人们产生嫉妒心理。相互攀比，一定要一争高低。

胡鞍钢潜移默化地继承了这种叫劲文化。一定要与美国争高低。

我记得鞍钢不止一次地羡慕我说："毛毛，你去过那么多国家……"1994年，我在上海给IR搞投资与合资项目。根据当时美国公司的待遇，我出差都住在五星级的旅馆里。有时鞍钢也会出差。如果我们同时在上海，我就叫鞍钢到我的旅馆里来见面。鞍钢会说："毛毛，你住这么高级的酒店……。"鞍钢自小就被培养了必须是老大的心理状态。他必须得超过我才行，他心目里的中国明摆着也必须要超过美国。

第二，我们从意识形态来分析。

我在前面提到过，鞍钢全面否定过"自由"的概念。他曾用藐视的声音说：

"自由算个什么东西！"

今天看来，胡鞍钢自从出生也没有过自由与民主的教育。他根本也不懂得自由与民主的真正含义。大学时代，他随别人喊过中国应该走向民主的口号，和我也经常谈论中国要走民主道路。可是一旦真正站在了民主与专制面前，他内心里只有对"集权与专制"的理解和赞赏，根本不具备心理状态来接受以民为本的自由民主社会。他是以从小被灌输的对美国的一贯仇视来观察与解释一个民主与自由的国家。胡鞍钢在考虑这些问题的时候，根本没有把自身的身段放下，从平权，自由与民主的方面来研究民主。

中国的特权阶层不需要给平民自由。他们必须遏制普通民众的自由，才能巩固其特权。胡鞍钢出自一个有特权的家庭。所以保护中共的特权阶层就包括保护其自身特权。这也是胡鞍钢做研究的第一个十年之后，自1994年，也就是他从美国回去之后，其研究结果转变成为集权强国出谋划策，要一心巩固集权制度；向当局尽显媚态的原因。

下面我想谈一下关于胡鞍钢的"不入虎穴，焉得虎子"的言论。在阅读胡鞍钢的《中国：2020》英文版的著作时，读了美国布鲁斯金学会李成写的序。李成在序中不仅对胡本人吹捧，还把胡的现任通奸上位的妻子加以赞扬。说她出了一本热销书。这样在网上，我查到胡鞍钢给其姘头上位的妻子开新书发布会上对美国的描述。原话是：

"不入虎穴，焉得虎子。让你们看看美国有什么好的……"

为什么胡鞍钢要刻意丑化美国？

美国是一个开放国家。对任何有道德品格和守法的人开放。美国人民以基督思想为本，真诚、友好、善良。美国是一个法制国家，不会乱抓人。为什么这么一个法制的美国，在胡鞍钢的嘴里就成了"虎穴"了呢？

中国是一个对信息钳制的国家。老百姓说一句实话："吃有猪瘟的肉不安全。"就会被警察请去喝茶。中国是一个人治的国家。某些官员的一句话，就可以置贫民百姓於死地。在中国，老百姓的人身安全得不到保障。中国才是名副其实的虎穴。

胡鞍钢完全不诚实，他有意吹捧专制社会，抹黑法制社会。

此外，在美国，从国家到郡一级，乃至城镇一级的官员，说话都是直来直去。他们可以直言不讳地批评他们的上级乃至总统。请问，如果你采访任何一名中国官员，这位中国官员敢说实话吗？敢批评他的上级吗？敢骂习近平吗？不容置疑，他们不敢。对不对？因为中国官员是站在虎口里。说错一句话，就会进监狱，甚至丢命。

哪个国家是虎穴，不言而喻。从而也可见胡鞍钢对美国的仇视和偏见；或者是有意抹黑。

就像我在前面指出的，鞍钢在1994年回国后对我说："毛毛，这回我回来，我发现我变了。以后无论我妈说什么，做什么，你都替我忍着。"

按照常理，一个出过国的人，应该更开明，更追求民主自由。胡鞍钢的行为却显示出与常规相反。更确切地说，不是鞍钢变了，而是通过在美国的生活，鞍钢找到了真正的自我。鞍钢通过自身经历，看到美国没有特权。他意识到，在民主国家，他将失去的那种"人上人"的地位与感觉，意识到了保护专制特权的重要性。那就是，鞍钢与美国人人平等的民主社会格格不入。鞍钢需要在一个等级社会中生存。鞍钢从出国前的维持正义转变到过后的，在家中和在国家等级上维持特权的利益。要想保持不讲理的特权，必须维护其统治。这也就是胡鞍钢变成了维护其母，并发表多篇中国政府要集权，防止像东欧国家走向民主而解体的缘由。

胡鞍钢没有自我否定的勇气。更确切地说，没有为了中国老百姓的自由民主而进行自我否定的勇气。胡鞍钢对事物好坏的判断是建立在他自身利益之上，而不是站在人民的立场上。胡鞍钢没有戈尔巴乔夫的勇气－既甘愿为人民放弃自己手中的一切特权与利益。

我在大学和之后与鞍钢一起生活的时候常说："鞍钢就是为中国生的。"今天回想这句话，正确的说法应该是："鞍钢是为中共保持极权而生的。鞍钢是为中共侵略世界而生的。鞍钢不是为中国人民或者百姓的疾苦而生的。"我所理解的中国是那九百六十万平方公里的土地，那里的山山水水和在那块土地上世代生息的中国人民。而鞍钢心中的中国是中共集权政府。我们各自心中所理解的"中国"两字有完全不同的含义。

在胡鞍钢事件过后，2018年9月举行的50人经济论坛上。大家可以清楚地听到，与会者在为政府进言，而只有胡鞍钢与林毅夫站在赵家人的立场上说话。其他在场学者进言帮助推进国内经济，胡鞍钢却是大谈到非洲大撒币，无视国内低端人口最基本的生活需要和医疗条件。胡鞍钢的脑子里装的是强权政府对外扩张，而不是国内老百姓生活的改善。

鞍钢不是一名为人民和社会负责的学者，而是党国的卫士与集权合法性理论缔造者，以及为党国占领全世界所需民族主义的煽动者。

6.6 为什么胡鞍钢要验证毛泽东的 "赶英超美"

打开那段五分钟左右的《人文清华》对胡鞍钢的采访视频，鞍钢语气专横跋扈，脸上一副对主持人不屑一顾的恶棍痞子作风。但是虽然他语气强硬，两手和手指却在不停地拿捏移动，显示出了他内心的不安与紧张。

当他说了："我研究美国，我了解美国，我去过美国！你以为我只是研究中国呢？！"之后，又说了多次三到四个字的话，但那些话都没有组成句子。或者说就是前言不搭后语，是慌了神。他先说了："我在美国"，就突然止住，没再往下说。我想他差一点就说漏了。因为他再往下说，就是他当年没在耶鲁做完博士后，在肯塔基生活。看得出鞍钢一时乱了阵脚。又说了好几个连不到一起的字之后，才重新组织起了思路。

那段采访不是我今天要谈的重点。我今天的重点是要分析为什么胡鞍钢要为毛泽东"赶英超美"树碑立传。胡鞍钢为什么要为一个发动了大跃进而饿死了三千到四千万农民，不懂经济的人唱赞歌，还而且要验证其伟大？其意义何在？

胡鞍钢对这些事实非常清楚。 为什么他还要吹捧毛？

有良知的人，明白杀人是一种罪恶，对一个残害了八千万中国人的罪犯会有厌恶感。有过那个年代亲身经历的人会心有余悸。今天，即使在中国政治管控之下，不敢表示仇恨，也完全可以避而远之；自己的研究完全可以不涉及那个话题。我与鞍钢在大学时多次谈到过毛的大跃进。他非常清楚毛的过失。但是胡鞍钢却是迎头而上，对毛的语言行为大加正面验证并颂扬。

为什么？首先可以显而易见地看出，胡鞍钢没有正义感。一名学者所具备的正义感，也就是良知。知识精英本应是社会前进与改良的中坚力量。但是，胡鞍钢对于死几千万老百姓无动于衷，他不被死去的底层百姓悲哀，却与残害老百姓的人同伍。

其次， 胡鞍钢对基层百姓没有同情心。学者做学问的目的，尤其是社会科学的学者，是对人民与社会负责。如果鞍钢对人民负责，他就会同情老百姓在大跃进当中的遭遇。但是他不为受残害的百姓发声，却要给制造劫难的罪人树碑立传。鞍钢不体谅民情，这可进一步在《人文清华》对鞍钢的另一段采访当中得到验证。

https://www.youtube.com/watch?v=QCz1Mh8EFMk&t=44s

采访人提到："现代的中国人承受三座大山的压力：教育，医疗，住房……这是我们自身的感受……"胡鞍钢完全是一副不负责任的态度说，这是经济转型过程中的正常现象，而不承认这是社会主义政府对外大撒币，对内不作为的结果。当采访人进一步追问，胡鞍钢又把话题一转，把看病贵和美国来比，又嘲笑说采访者没有在美国生活过……。中国与美国的人均GDP是天壤之别，拿中国的看病贵与经济发达国家来对比，是不负责任，逃避现实的表现。况且，中国政府再三宣扬自己是有中国特色的社会主义。为什么要拿在社会主义看病与资本主义的美国看病作比较？社会主义的基本教义不是人人都有饭吃，人人都有福利吗？这也更说明了，底层民众的现实生活状况根本也没有在胡鞍钢的国情研究之内。

何为国情研究？国情应该是民生，民情，而不是所谓政府控制状态或政权可延续状况，或者称为"如何稳固政权"研究。但是，胡鞍钢的研究已明摆着不是民生民情和国情，而是在为中共如何稳固政权，向世界扩张做研究。是"中共权情"研究。

第三，胡鞍钢对环境没有保护意识。我们都知道，上个世纪六十年代的大炼钢铁时期，在毛泽东的"让高山低头，让河水让路"的口号下，多少山头被铲平，多少千年古树被连根拔起、烧毁用作炼钢炼铁。胡鞍钢曾经出不少文章吹捧绿色中国。包括一本《中国：创新绿色发展》。如果胡鞍钢真心关心百姓赖以生存的自然环境，他就非常清楚毛泽东对中国自然资源破坏起到的作用，他也就不会在此吹捧那种掠夺式的自然资源破坏，低端形式的发展模式。正是胡鞍钢对毛的歌颂，可以轻易地看出，胡鞍钢所一贯鼓吹的绿色发展完全是哗众取宠，为他自己戴上一顶所谓的热爱环境的桂冠。胡鞍钢心里根本不关心中国当今的环境恶化程度与底层老百姓恶劣的生活环境。

第四，也是最重要、最根本的原因，就是胡鞍钢与毛泽东内心产生的巨大共鸣：那就是做第三世界老大，继而做世界老大。胡鞍钢要扛起当年毛泽东要做"亚，非，拉"第三世界领袖的大旗，继续完成毛的业绩。他把如何做这个世界的老大为每日研究的目标。这就是胡鞍钢要对毛泽东的"五十年赶超英美"进行验证，出自其内心的真正目的。

　　首先，这个"赶超英美"是专制统治者的目的。这不是一个民主国家领袖的治国目的。这个目的是要使得专制国家机器强大，而不是人民生活富足安宁。这一目的的最终，是要对"亚、非、拉国家大撒币，把共产专制、监控通过"一带一路"实施到世界的每一个角落，彻底消灭私有制，消灭美国，消灭现有的世界文明，把世界卷入战争，包括中国的老百姓。

　　为什么毛要做世界老大？ 这源自其封建专制思想体系。封建社会，皇帝只允许自己天下第一，不容他人存在。毛一心想做第三世界的老大，苦于没有当时苏联的财力去豢养第三世界的小喽啰们，所以要大炼钢铁，创造财力。今天，有了财力，就当然要争霸世界了。这种争霸只是统治阶级心里想要的争霸，是大国强权，满足某个人的争霸世界的野心，不是底层老百姓的安居乐业。这是封建霸权思想体系，没有人文主义和现代文明的平等、和平思想理念。

　　胡鞍钢在大肆鼓吹"中国已经超过美国"，就是他验证毛泽东"五十年赶超英美"的一部分。胡近二十年所做的一切，他发表的文章以及书籍就是为了使中国成为世界老大而献计献策；掀起民族主义情绪，为将来的世界战争做准备。

　　2018年的中国经济50人论坛上是在9月18日召开的。按照常理，胡鞍钢在被全国人民骂的狗血喷头后，如果他知道要脸，应该不出席会议。但是，胡鞍钢对廉耻没有任何感觉，照样出席会议。在会议上他不谈国内的经济发展，却大谈到非洲投资，帮非洲国家发展基础设施建设。胡鞍钢的发言，证实了他就是在为毛泽东的称霸世界在进行着实践。也就是要做第三世界世界领袖，给第三世界的国家提供财务援助，一带一路，低端全球化。用钱收买人心，得支持。

为了蒙蔽西方世界，胡鞍钢又把这一野心进行了伪装。称之为"中国梦"。也就是中共要在世界称帝之梦，中共要把全世界资源归为己有之梦。

从胡鞍钢在1990年左右发表的《生存与发展》到当前对世界经济和世界文明的"侵略与发展"，揭示了胡鞍钢根本不再是一名学者，而是中共政府要霸权世界的理论缔造者和鼓吹者。他在设法完成毛泽东没有完成的世界共产主义运动，把人类引向末日。

我们一切经历过社会主义专制迫害的人，我们一切曾被共产党扭曲了命运的人，我们一切爱好自由与民主的人，一定要制止这种共产主义向全世界的输出扩张，保卫当今世界的自由，民主与和平。

文天祥说得好："粉身碎骨浑不怕，要留清白在人间。"

对于胡鞍钢本人，是重拾良知，还是做千古罪人，是他自己的选择。

第六章初稿完成於 2018 年 10 月 3 日．校稿完成于 2019 年 12 月 7 日。

后记

性格决定命运。

停下笔来，使我再一次陷入思索。再一次感谢父母把我培育成了一个是非分明的人，一个绝不在权势淫威面前卑躬屈膝的人，一个有勇气面对生活的人。

"料峭春風吹酒醒，微冷，山頭斜照卻相迎。
回首向來蕭瑟處，歸去，也無風雨也無晴。"

回头望去，正如苏东坡的词句，无论当年的风雨是如何猛烈，痛苦与无常；人生之路曾是何等艰难与险恶，我都已脚踏实地的走过。

苦难是生活的财富。

回望着自己饱含血泪的生命脚印，我感谢主对我的一路引领。感谢主再次给了我勇气来重新面对那曾经的痛苦历程，揭破心灵伤口结上的硬痂，写出沉痛的记忆。

正是那起伏跌宕的人生，才揭示出生活的真正意义；才使得我认识了世界，认识了自己。

再一次感谢主的引领，再一次感恩主使我今天所拥有的一切。

2018 年 10 月 3 日

www.ingramcontent.com/pod-product-compliance
Lightning Source LLC
Chambersburg PA
CBHW022006160426
43197CB00007B/305